あなたの所得を倍増させる経済学

三橋貴明

Takaaki Mitsuhashi

講談社

はじめに

2020年代初めに、日本国民の所得を2倍にする。

2014年6月。三橋貴明は新たな**所得倍増計画**を提唱する。とはいえ、長年、所得の下落に苦しみ続けた日本国民にしてみれば、「所得を倍増する」といわれても、にわかには信じられないかもしれない。

高度成長期と呼ばれた時代、我が国の実質GDPは、1955年から73年までの19年間の平均で、実に9・22%もの成長を遂げた。20年近くもの期間、日本は「実質値」で毎年平均二桁近い経済成長を続けたのだ。

しかも、この時期のGDPデフレータ（インフレ率の一種）は、平均5・8%の上昇率であった。すなわち、高度成長期の「名目GDP」は、毎年平均で15%超も拡大を続けたのである（名目GDPの成長率は、実質GDPの成長率＋GDPデフレータで計算できる）。

毎年15%超の拡大を続けると、名目GDPは19年で12倍以上に拡大してしまうわけだが、実際はどうだったか。１９５５年時点の日本の名目ＧＤＰは、およそ8・4兆円だった。それが、高度成長期が終わった１９７３年には１１２・５兆円にまで膨らんでいた。名目値（金額）で見たＧＤＰが、19年で13・4倍にまで拡大していたのである。実際の日本の名目ＧＤＰは、12倍どころの拡大ではなかったことになる。

そして、名目ＧＤＰは国民が稼ぐ（厳密には国内で稼がれる）所得を総計したものだ。なぜ、名目ＧＤＰ（国内総「生産」）が所得の総計になるかについては、是非とも本文を読んでほしいわけだが、いずれにせよ日本国内で国民が稼ぐ所得が、１９５５年から73年にかけて13倍以上に増えたのだ。

無論、名目ＧＤＰには「物価上昇分」が含まれているため、高度成長期の日本国民が実質的に13倍豊かになったわけではない。口の悪い人は、

「名目的な所得が13倍になったところで、物価が13倍になったのでは同じじゃないか」

などと言いたくなったかもしれない。とはいえ、現実の日本の高度成長期（55年－73年）は、物価上昇率は決して低かったとは言えないものの、別に19年間で物価が13倍になったわけではない。繰り返すが、高度成長期のＧＤＰデフレータの平均は5・8％だ。

１９５５年の物価水準を1として、その後、１９７３年まで毎年物価が5・8％ずつ上昇したと仮定しよう。すると、73年時点の物価水準は2・76。すなわち、１９５５年時と

比べて、物価は2・76倍になったに過ぎないのである。

物価が2・76倍にしかならなかったにもかかわらず、国民の金額で見た所得（名目GDP）は13・4倍に拡大した。両者の「差」こそが、まさに実質GDPであり、「国民が実質的に豊かになった証」なのである。

先述の通り、高度成長期の日本の実質GDP成長率の平均は、9・22％だった。19年間（55年－73年）に毎年平均5・8％の物価上昇が続いたにもかかわらず、日本国民の所得は実質値でもそれ以上のペースで拡大を続けた。すなわち、日本国民は豊かになっていった。

日本に高度成長をもたらしたのは、生産年齢人口の増加ではなく、輸出の増大でもなく、民間企業の設備投資の爆発的な拡大であった。高度成長期の生産年齢人口の伸び率は、平均で1・7％に過ぎない。また、この時期の輸出は、GDPの10％前後でしかなかった（日本の輸出がGDPに占める割合が戦後最も高まったのは、実は2007年だ）。

それに対し、高度成長期の日本の民間企業設備（設備投資）は、ほぼ一貫して対GDP比17％超が維持されるという、途轍《とてつ》もない成長を見せたのである。我が国の高度成長期を実現したのは、企業の設備投資や人材投資による国民の生産性の向上なのだ。人口増や輸出増も、高度成長に貢献しなかったわけではないものの、主役ではない。何しろ、民間企業設備の成長率は、人口や輸出の伸びと比べると、文字通り「桁」が違った。

国家に爆発的な経済成長をもたらすのは、人口や外需（輸出）の伸びよりも、国民一人当たりの生産の拡大なのだ。すなわち、生産性の向上である。

人口が毎年1％のペースで減少していったとしても、生産性が毎年10％高まっていけば、余裕で高度成長を達成できる。輸出は「外国の事情」に左右されがちだが（例：リーマンショック）、民間企業設備の拡大は、国内の経営者のアニマル・スピリット次第だ。

ちなみに、アニマル・スピリットとは、ジョン・メイナード・ケインズの言葉で、「将来が不確実な状況であっても、果敢に投資を決断する経営者の魂」のことである。筆者は「野獣の魂」と訳している。

高度成長期の日本の企業家たちのアニマル・スピリットを呼び覚ましたのは、GDPデフレータ年平均5％超という「需要過多」「供給過少」な環境であった。需要が十分に存在し、供給能力が不足していた。すなわち、投資をすれば儲かる環境だったからこそ、日本の経営者は積極的な投資を断行し、我が国の国民に生産性向上をもたらしたのだ。

今後の日本は、少子高齢化により、**高度成長期同様に、需要過多、供給過少な環境を迎える。**すなわち、企業の経営者がアニマル・スピリットを発揮すれば、儲かる時代が再来するのだ。少子高齢化や生産年齢人口の減少は、我が国のGDPデフレータを押し上げるため、経済成長にとってはむしろ福音《ふくいん》である。

　企業が投資をすれば儲かる環境において、実質GDPを4％、名目GDPを7％（GDPデフレータベースのインフレ率3％）の成長を継続すれば、10年後の我が国の国民所得は2倍に拡大する。高度成長期と比べれば、ささやかな目標と言っても構わないだろう。今後の「需要＞供給能力」の時代に、企業経営者がアニマル・スピリットを奮い立たせれば、余裕で達成できる目標だ。別に、実質値で7％成長しろと言っているわけではない。インフレ率3％の環境の下で、GDPを名目値で7％拡大することを続けるべきと提言しているに過ぎない。

　この「ささやかな目標」が高すぎると感じたとすれば、それは読者が「所得」あるいは「経済成長」について、あまりにも無知であるためだ。本書をお読み頂き、所得や経済成長について「正しく理解」しさえすれば、筆者の掲げる戦後二度目となる「所得倍増計画」が、十分に実現可能であることをご理解頂けるだろう。

　それでは、筆者と共に「所得の世界」に旅立って頂くことにしようか。本書を読み終える頃には、読者は「所得」こそが、経済の中心であることをご理解されていることだろう。

目次

第4章 エネルギーミックスの構築は死活問題
——「安定性」「経済性」「環境性」など、巧くバランスさせる

第5章　国内の需要を拡大し、日本企業の供給能力を高める

あなたの所得を倍増させる経済学

序章

所得とは何か

所得創出のプロセス

本書のテーマは「所得倍増計画」であるため、まずは所得の「定義」について語らなければならない。

筆者は序章として、読者に「所得」について完全に理解して頂くつもりである。そのため、本章はやや堅い話が続くことになるが、ご容赦頂きたい。

所得という言葉について、我々日本国民は目にしたり、耳にしたりする機会は多いが、正しい定義を理解している国民は少ない。実は、所得について理解すると、経済について相当程度のことが分かってくる。逆に、所得を理解していない場合、経済を理解することは全く不可能になってしまうのだ。

所得とは、経済の中心である。ここでいう経済とは「経世済民」、つまりは、「国民を豊かにするための政治」を意味しており、企業の経営の話ではない。あくまで日本国民「全体」の経済、すなわち国民経済の中心が所得という話である。

所得とは、必ずしも「お金」とイコールではない。というより、所得は人間が社会生活を送る上で、お金よりもはるかに重要な概念なのである。

というわけで、所得の定義を説明しよう。次ページ図0－1、所得創出のプロセスを見てほしい。

まずは、読者が生産者として働く。「働く」とは、ずばりモノの生産や、サービスの供給を意味している。モノ（農産物、製品など）の生産も、サービスの供給も、人間が「働いて、生み出す」ものであることに変わりはない。以下、モノの生産とサービス供給について、まとめて「生産」と表現することにする。

ちなみに、モノとサービスの違いは、簡単に書くと、

「モノは在庫が可能だが、サービスは在庫が不可能」

ということになる。

例えば、建設業は「製造業」と思われがちだが、実際にはサービス業だ。無論、建設業者に鋼材やコンクリート等を販売する企業は製造業になる。建設業とは、鋼材やコンクリート等を仕入れ、それを現場で組み立て、建造物を建設する「サービス」を提供しているわけである。すなわち、建設サービスの「生産」だ。

建設業による建設サービスが在庫可能かどうか考えてみれば、サービスの本質が理解できるだろう。鋼材やコンクリートが存在したとしても、建設業の「組み立て、建造」というサービスが付加されなければ、建造物は存在し得ない。そして、組み立て、建造という

【図0-1　所得創出のプロセス】

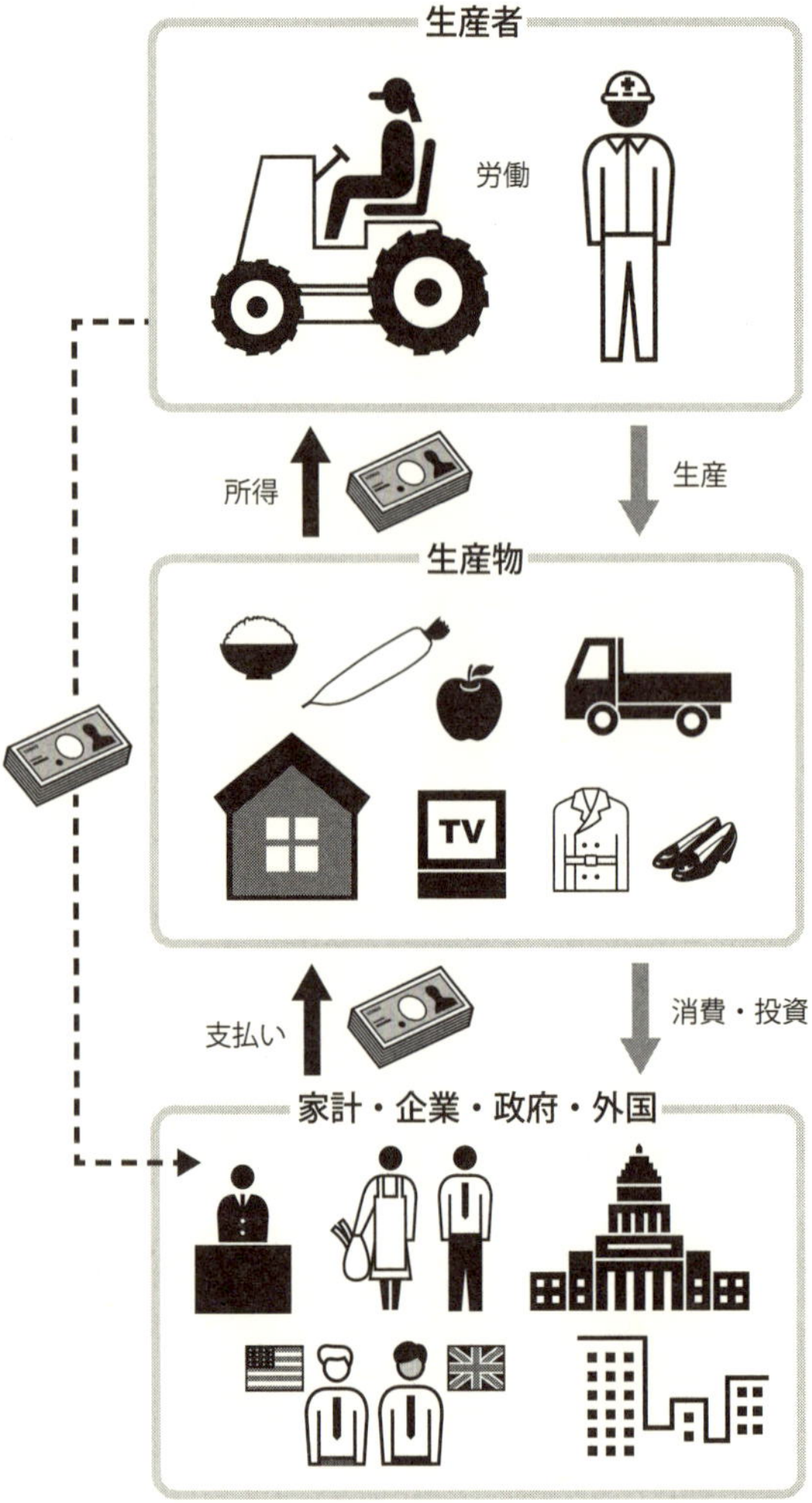

※筆者作成

サービスは、どこかに「貯蔵」しておき、必要なときに取りだして使うということはできないのだ。

ところで、製造業にせよ、農業にせよ、サービス業にせよ、誰かが「働く」ことがなければモノやサービスは生産されない。まさに、我々が働くことこそが「経済」の基盤なのである。

我々は生産者として働いて生み出したモノやサービス、つまりは生産物を、家計、企業、政府、外国という「顧客」に買ってもらう。顧客側は、消費、もしくは投資（設備投資、住宅投資、公共投資のみ）として、生産されたモノ、サービスにお金を支出する。この時、顧客が支払ったお金が我々の「所得」になるのだ。

そして、ここがポイントなのだが、家計などの顧客側がモノやサービスを購入するために支払ったお金の「出所」は、何だろうか。平たくいうと、

「読者の財布に入っている一万円札は、どのように入手したのか？」


という話だ。読者が持つ現金は、神様からの贈り物だろうか。絶対に違う。読者の財布の中のお金は、かつて読者（もしくは読者の家族）が働いたことで稼いだ所得なのである。

実は、ただ一つの例外を除き、我々が日常的に使うお金は、元をたどると必ず「所得」

に行き着くのだ（例外は政府・中央銀行の通貨発行だけである）。

我々は働き、モノやサービスを生産し、それを誰かに消費、投資として購入してもらい、所得を得る。働いて得た所得から、今度は我々が別の誰かが生産したモノ、サービスを購入する。結果的に、別の「働いた人」の所得が生まれる。

「いや、自分は銀行預金を取り崩して生活している」

と、反駁《はんばく》したくなった読者がいるかもしれない。だが、銀行預金とは、元をたどると生産者が働き、モノやサービスを販売して獲得した所得から自らの消費、投資として「使わなかったお金」であり、それが銀行に貯まっている状態のものだ。銀行預金も、元をたどると結局は所得なのである。

あるいは、年金や生活保護で暮らしている人がいたとする。年金にせよ、生活保護にせよ、生産者が働いて稼いだ所得の一部が税金や保険料として「政府に分配」され、それが年金受給者や生活保護受給者に「再分配」されているに過ぎない。年金などが「所得の再分配」と呼ばれるのは、このためなのである。

また、政府が国債発行で資金調達し、支出や所得移転（年金等）に充てた場合はどうなるだろうか。日本政府は国内の銀行や生命保険会社、損害保険会社などに国債（借用証書）を売却し、資金を借り入れている。国内の銀行の「預金」や、生損保に納められた

「保険料」は、元々は日本国民が働き、モノやサービスを生産、販売し、稼いだ所得から消費、投資に向かわなかったものである。すなわち、政府の国債発行の原資もまた、元をたどると我々国民が生産者として稼いだ所得に行き着くのだ。

我々国民は生産者として働き、モノやサービスを家計、企業、政府、外国に購入してもらい、所得を稼ぎ（あるいは所得の分配を受け）、そのお金で別の誰かが生産したモノやサービスを購入し、誰かの所得を創る。国民が働き、所得を稼ぎ、支出し、別の国民の所得を創る形で、お金がグルグル回っているのが「国民経済」なのだ。

多くの国民は、モノやサービスを購入し、お財布からお金を支払うと、

「お金がなくなった」

と、思ってしまう。だが、現実にはお金は使っても消えない。我々がモノやサービスの購入にお金を使ったとき、必ず別の誰かの所得が生み出されている。そして、我々の支出で所得が生み出された誰かは、さらに別の誰かが生産したモノやサービスを購入する。そのときに購入されるモノやサービスを生産したのは、もしかしたら我々かもしれない、という話なのである。

所得についてまとめると、

●誰かが生産者として働かない限り、モノやサービスが生産されず、所得は生成されない

●**モノやサービスが生産されても、家計、企業、政府、外国が消費や投資として購入しなければ、所得は生成されない**

●**家計、企業、政府、外国が消費や投資のために支払うお金は、所得が源泉である**

となる。

付加価値（生産）の積み上げ

ところで、モノやサービスの生産とは「売上」を意味しているわけではないため、注意が必要だ。例えば、読者が八百屋で1000円の野菜を買ったとき、

「八百屋（小売店）の所得が1000円創出された」

という話にはならない。

八百屋が1000円で販売した野菜の「仕入代金（＝売上原価）」が700円だった場合、創出される所得は300円のみだ。仕入れた野菜を農地で生産したのは農家であり、八百屋まで運んだのは流通業者である。すなわち、八百屋が1000円で売った野菜には、

「農家が野菜を栽培し、収穫した」

「流通業者がトラックで野菜を運んだ」

という生産、あるいは生産者の「労働」が含まれているのである。

要するに、所得とは「売上」ではなく、**「自らが労働により付加した価値」**

すなわち、付加価値の金額なのだ。ここでいう付加価値とは「生産」とイコールである。

例えば、農家が野菜を生産し、流通業者に500円で販売した。この時点で、農家が生産した付加価値は500円、所得も500円である。

500円で野菜を仕入れた流通業者が、トラックで運送し、八百屋に700円で販売した。このとき、流通業者が生産した付加価値は200円（＝700円－500円）であり、売上の700円ではない。700円の内、500円分は流通業者ではなく、農家が生み出した付加価値なのである。そしてもちろん、流通業者が自らの労働で稼ぎ出した所得も、700円ではなく200円になる。大雑把に書くと、所得とは売上ではなく、**「粗利益（＝売上－売上原価）」**なのだ。

さて、流通業者から野菜を700円で仕入れた八百屋が、消費者に1000円で販売した。このとき、八百屋の生産した付加価値及び所得はいくらだろうか。もちろん、1000円ではなく、300円だ。700円は八百屋ではなく、農家、流通業者の付加価値（＝所得）になる。

図０－２を見てほしい。

農家が「農業生産」に従事し、野菜を５００円で販売し、５００円の所得を得た。流通業者は「運送サービス」を提供し、２００円の所得を得た。そして、八百屋は「小売サービス」で働き、３００円の所得を得たわけである。

最終的に消費者に「１０００円」で購入された野菜は、農家、流通業者、八百屋という三者の労働により生まれた付加価値の合計として成り立っていることになる。

先にも例に出した建設業で考えてみよう。建設会社Ａ社が資材メーカーＢ社から５００万円の鋼材を、同Ｃ社から２００万円の生コンを仕入れ、１０００万円の住宅を建設した。このとき、Ａ社の付加価値、所得がいくらかといえば、もちろん３００万円である。

住宅を購入した消費者は１０００万円を支払っているわけだが、そのうち５００万円はＢ社の、２００万円はＣ社の付加価値、つまりは所得になる。Ａ社の所得は、自らが建設サービスで「働く」ことで得た３００万円のみなのだ。

ＧＤＰの意味

さて、読者はＧＤＰ（Gross Domestic Product）、いわゆる「国内総生産」という言葉

【図0-2　付加価値（生産）の積み上げ】

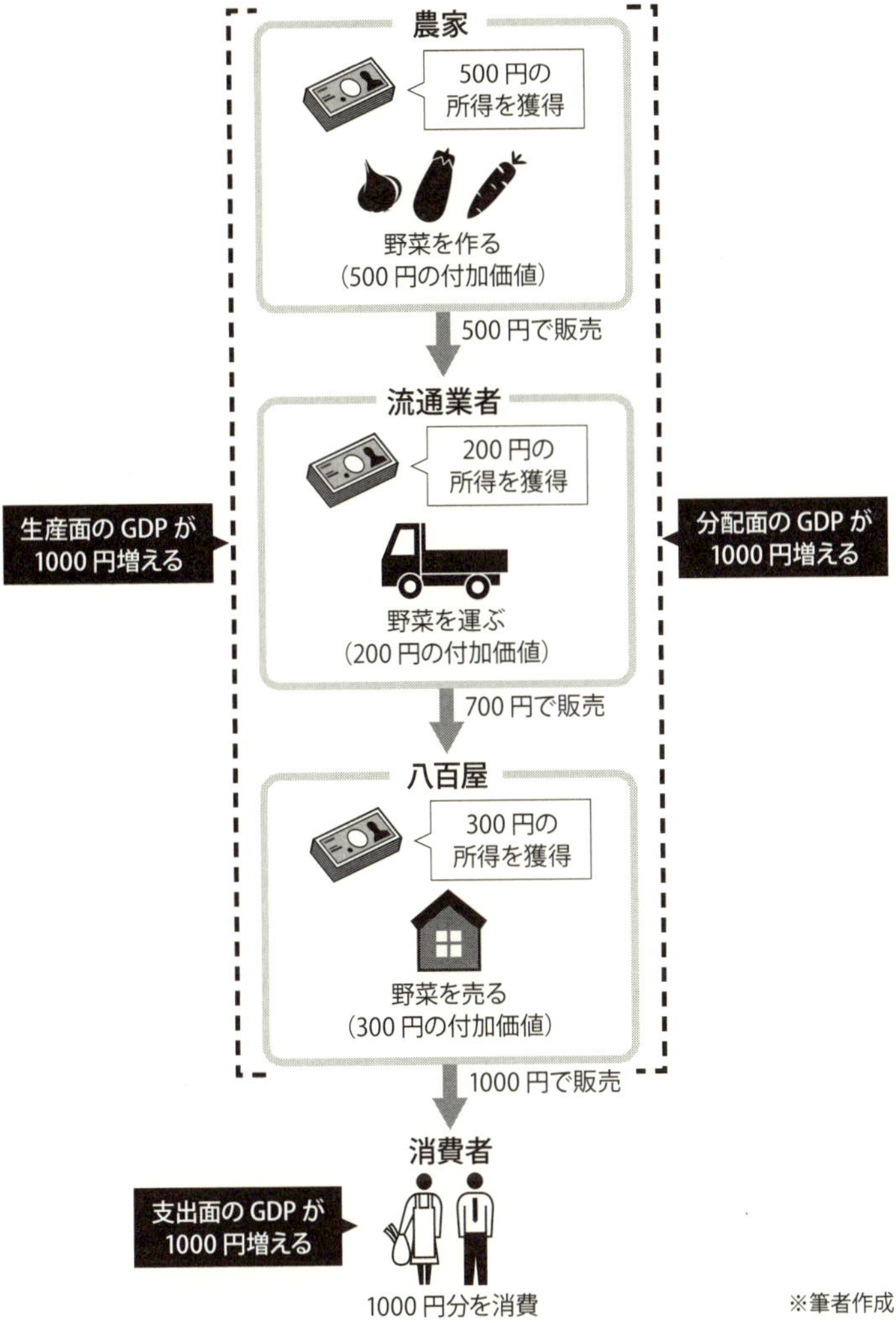

※筆者作成

をご存じだろう。実は、「景気が改善している」とは、具体的にはGDPが増えていることを意味している。逆に「景気が悪い」とは、GDPの拡大が遅いか、もしくは縮小しているという話だ。あるいは、「国民が豊かになる」も、一人当たりのGDPが増加しているという意味である。

さらに書けば、そもそも「経済成長」もまた、GDPの拡大を示している。経済成長率とは、GDPの拡大率と同意である。

新聞紙面やテレビにやたら登場するGDPであるが、その正しい意味を理解している日本国民は少数派であろう。無論、多くの人がGDPの拡大が「経済成長」を意味することは知っているだろうが、例えば

「GDPの拡大が、なぜ経済成長を意味するのか」

と聞かれて、正しく説明できる国民はほとんどいないのではないだろうか。

改めて図0－1（P16）を見てほしいのだが、所得とは、

(1)生産者が働き、モノやサービスを生産する（＝付加価値を生み出す）

(2)生産されたモノやサービスに、家計、企業、政府、外国が消費、もしくは投資として支出する（＝購入する）

(3)生産者が働くことで生み出した付加価値に対する支払いが、所得になる

右記のプロセスで創出される。

ということは、当たり前の話として、（1）生産、（2）支出、（3）所得の三者は同じ金額になる。ある生産者が働き、100万円分の付加価値を生産し、別の誰かが100万円の消費支出として買ってくれたとき、生産者に100万円分の所得が生まれる。生産、支出、所得の三者は全て100万円で、一致した金額になるのである。

さて、GDPである。GDPとは、国内総「生産」のことだ。すなわち、図0－1における「生産」の合計だ（厳密には「国内」の生産の合計）。とはいえ、先述の通り生産、支出、所得の金額は同一になる。

というわけで、GDPとは国内の「生産」の合計であると同時に、国内で生産されたモノ、サービスへの「支出」の合計であり、さらに創出された「所得」の合計でもあるという話になるのだ。極めて重要であるため、繰り返し書くが、

「GDPとは、国内の生産＝支出＝所得の合計」

である。

GDPの拡大とは国内の「生産」のみならず、「所得」の拡大をも意味するわけである。GDPが成長しているとは、働く国民の「所得が増えている」ことと同義なのだ。あるいは、「労働の価値の拡大」と言い換えても構わない。

我が国のＧＤＰ統計を管轄しているのは内閣府である。内閣府は、ＧＤＰ統計発表時に、必ず「生産面のＧＤＰ」「支出面のＧＤＰ」「分配面のＧＤＰ」の三つを発表する。分配とは「創出された**所得**がどのように分配されたか」を示す指標だ。

生産面、支出面、分配面の各ＧＤＰの内訳は異なるが、合計金額は常に一致する。生産面のＧＤＰ、支出面のＧＤＰ、分配面のＧＤＰは「必ず」同じ金額になるのだ。これを「ＧＤＰ三面等価の原則」と呼ぶ。

今度は、図０－２（Ｐ23）を見てほしい。まずは「生産面」について考えてみよう。

農家が５００円の野菜を「生産」し、流通業者が２００円の運送サービスを「生産」し、八百屋が３００円の小売サービスを「生産」した。生産の合計は、５００円＋２００円＋３００円というわけで、１０００円になる。

支出面はどうだろうか。農家が作り、流通業者が運び、八百屋が販売した野菜を、消費者が１０００円で購入した。すなわち「消費」という支出が１０００円生まれたわけだ。

そして、所得面。野菜を生産した農家の所得は５００円。流通業者の所得は２００円。八百屋の所得は３００円。合計金額は？

もちろん、１０００円だ。

右記の通り、所得創出のプロセスにおいて、生産の合計と支出の合計（右の例なら「消費」)、そして所得の合計は必ず同じ金額になるのだ。これは統計的に、例外が発生しようがない原則である。

もうお分かりだろう。

GDPが重要なのは、生産や支出というよりは、「国内の所得」の合計であるためなのだ。我が国のGDPが拡大しているならば、少なくとも日本全体では国民の所得が増えている、すなわち、

「国民が豊かになっている」

と、判断して構わない。

元祖の所得倍増計画とは、1960年に池田勇人内閣が策定した長期経済計画である。少なくとも、当時の日本の政治家たちは、「所得の意味」を正しく理解していたと筆者は確信している。

それでは、現在の政治家はどうだろうか。GDPとは「国内の所得の合計」であり、かつ「なぜ、GDPが所得の合計なのか」を理解している人が、果たして何人いるのだろうか。もちろん、いることはいるのだろうが、間違いなく少数派であろう。

日本国民は、豊かさを取り戻さなければならない。あるいは「国民が豊かになる日本」を取り戻さなければならない。かつて、我々は「豊かになる日本」を実現していたが、現

在は失われてしまった。

多くの政治家は「日本国民を豊かにする」という提言について、諸手《もろて》を挙げて賛成してくれるだろう。「国民を豊かに！」を、自らの政治信条、スローガンにする政治家すら存在するかもしれない。だが、

「日本国民を豊かにします！」

「日本経済を成長させます！」

と選挙で声を限りに叫ぶ政治家は、99％の確率で「国民が豊かになること」や「経済成長」の正確な意味を知らない。無論、豊かになることが「所得の増加」であることは理解しているだろうが、なぜそうなるのか、あるいは、なぜGDPの拡大が「経済成長」を意味するのかは理解していないだろう。

ならば、国民自らが知るしかない。

本章をここまで読み進めてくださった読者ならばすでに理解されているだろうが、実は大して難しい話でもないのだ。「所得」の定義や創出プロセスを理解しさえすれば、**「日本を経済成長させ、国民を豊かにするためには、どうしたらいいか」**正しい解決策を見出せる。もちろん、GDPを成長させればいいのである。

というわけで、次項ではGDPについてより深く考察し、理解を深めて頂こう。

GDP（国内総生産）の拡大と国民の所得

前項において、

「国民が働き、モノやサービスという付加価値を生産し、別の誰かがそれを消費、投資として購入することで所得が創出される」

と、解説した。所得創出のプロセスにおいて、付加価値の生産、消費・投資という支出、そして所得の金額は、必ず一致する。そのため、生産面のGDP、支出面のGDP、（所得の）分配面のGDPは必ず同額となり、これをGDP三面等価の原則と呼ぶ。

というわけで、2012年のGDPについて生産面、支出面、そして分配面の三つに分けて見てみよう。次ページ図0-3の通り、2012年の名目GDPの生産面、支出面、分配面を見ると、項目はまるで違うわけだが、合計金額は一致している。支出面のGDPが大きく見えるかもしれないが、純輸出のマイナス（純輸入）という控除項目の金額が小さくないためであり、三つの面のGDPの合計金額は必ず一致する。

三つのGDPを見ると、日本の国民経済において「誰の労働が付加価値を生産し（生産面）」「どのように支出され（支出面）」「創出された所得がどのように分配されたか（分配面）」が手に取るように理解できるだろう。企業や政府が付加価値を生産し、民間、政府

【図0-3　日本の名目GDP（2012年）】

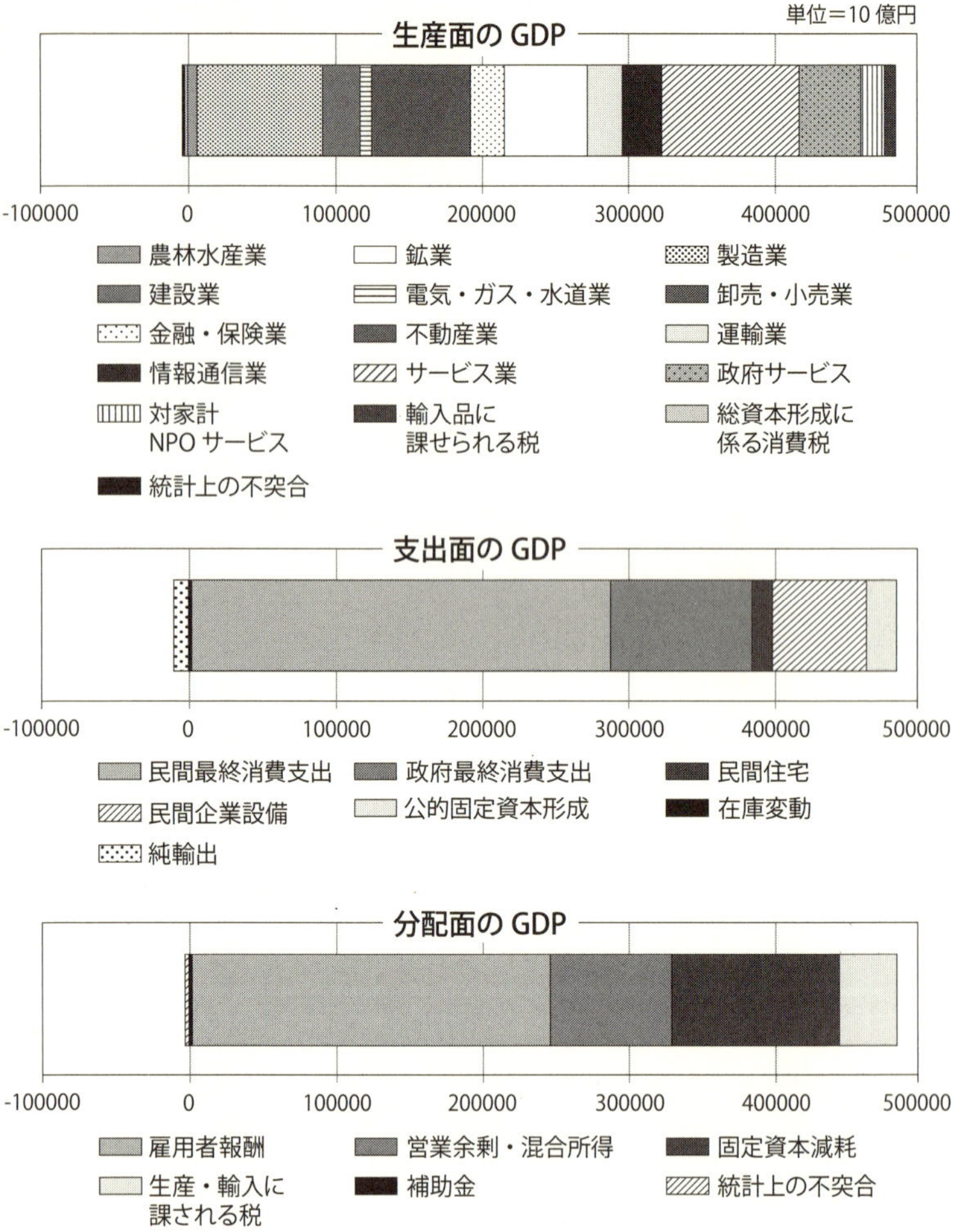

出典：内閣府「国民経済計算」

の消費、投資として支出され、創出された所得が雇用者（給与所得者）、企業、政府に分配されているわけである。

ちなみに、生産面のＧＤＰにおける「政府サービス」には、具体的に書くと行政サービス、警察サービス、消防サービス、防衛サービス（自衛隊）などが該当する。読者は警察や消防について「自分の周囲に存在して当たり前」と認識しているのではないかと推測するが、あらゆるサービスは誰かがコストを負担し、誰かが供給（生産）しなければ存在し得ない。実際、政府は税金として国民から所得の分配を受け、警察、消防、防衛などのサービスを供給している。

別の言い方をすると、政府機関である警察、消防、自衛隊が治安維持、防災、防衛といったサービスを供給し、それを「日本国民」が消費しているのである。そして政府は税金という形で、費用を国民から徴収し、支払っている、という話なのだ。

また、支出面のＧＤＰを見れば、

「ＧＤＰ（＝付加価値＝所得）を生み出す投資」

が、限定されていることに気がつくだろう。すなわち、民間の住宅投資、民間企業の設備投資、そして公的固定資本形成（公共投資から用地費など付加価値を生まないものを省いた金額）の三つである。

例えば、株式投資や土地への投資は、付加価値や所得を生まない。理由は、株式も土地も「人間が働いたモノやサービス」には該当しないためだ。

また、2012年の日本は（2013年もだが）純輸出（＝財・サービスの輸出－財・サービスの輸入）がマイナスになっている。すなわち、純輸入状態にあるわけだ。純輸入が大きくなっている最大の理由は、説明が必要とも思えないが、

「原発を停止しているため、中東などからの天然ガス・原油の輸入が拡大し、国際収支上の貿易赤字が拡大している」

のである。GDP統計上の純輸出は、国際収支統計上の「貿易収支」と「サービス収支」を合算したものだ。

現在の日本は原発を停止し、13年は3・6兆円もの余分な「ガス代・油代」を中東などの外国に支払っている。これは、

「日本国民が稼いだ所得（GDP）から、産油国（カタールなど）に所得が3・6兆円分、プレゼントされている」

と、言い換えても構わない。無論、カタールなどの資源国は日本国民の所得の一部を受け取る代償として、LNG（液化天然ガス）や原油を我が国に供給している。とはいえ、そもそも日本は原発を動かしさえすれば、余計な油代を中東諸国に貢ぐ必要がないのであ

る。

さて、三つ目の分配面のGDPを見ると、日本国民が稼いだ所得が、主に「雇用者報酬」として、給与所得者に分配されていることが理解できるだろう。

また、分配面のGDPにおける「生産・輸入に課される税」とは、消費税や関税だ。政府に分配される所得は、もちろんこの二種に限らない。企業は営業余剰から「法人税」を、家計は雇用者報酬から「所得税」「住民税」を政府に支払っている（租税負担率と社会保障負担率を合わせた日本の国民負担率は、40％程度になる）。

いかがだろうか。所得創出のプロセスや、GDPの三面等価について理解すると、我が国の経済の全体像が、おぼろげながらでも摑めてこないだろうか。少なくとも、GDPの拡大が「経済成長」や「豊かになる」ことを意味する理由は、ご理解頂けたのではないかと思う。

GDPは、結局のところ一国の「フロー（所得）」の状況を表した指標と言える。先にも書いた通り、株式投資や土地への投資、さらには為替取引や先物取引など、「ストック（資産）」の世界でお金が動いても、GDPには何の影響も与えない。株式市場にお金が殺到し、株価が10倍になったところで、それ自体は誰の所得も生まないのである（厳密には、証券会社の株式売買支援サービスという付加価値が生産され、手数料収入という所得のみ創出される)。

いわゆる「バブル」「資産バブル」とは、フローの拡大ではなく、ストック価格の急騰を意味する。すなわち、土地や株式などの「資産」の価格が上昇していくのがバブルなのだ。細かい話をすると、民間企業や家計が銀行からお金を借り入れ、資産(土地、株式等)の値上がり益(キャピタルゲイン)を目的にお金を投じる結果、資産価格が上昇するのだ。すなわち、投資ではなく「投機」により資産の価格が暴騰するのがバブルなのである。

論理的には、ストックの世界で資産バブルが発生しているにもかかわらず、所得の伸びがそれほどでもなく、経済成長率が低迷するという現象は起き得る。無論、ストックの世界で資産バブルが発生すれば、普通はフローの世界でも景気が良くなり、国民の消費や投資(設備投資、住宅投資)も増え、GDP成長率は高まる。とはいえ、所得の拡大(経済成長)と資産バブルは「異なる世界の現象」であることを理解してほしい。

図0-4の通り、我が国は橋本龍太郎内閣だった98年以降のデフレ深刻化を受け、名目GDPが全く成長しない状況が続いている。「名目GDPが成長しない」とは、金額で見た国民の所得が増えていない、という話である。

とはいえ、これは別に、マスコミが煽るように、

【図0-4　日本の名目GDP（支出面）の推移】

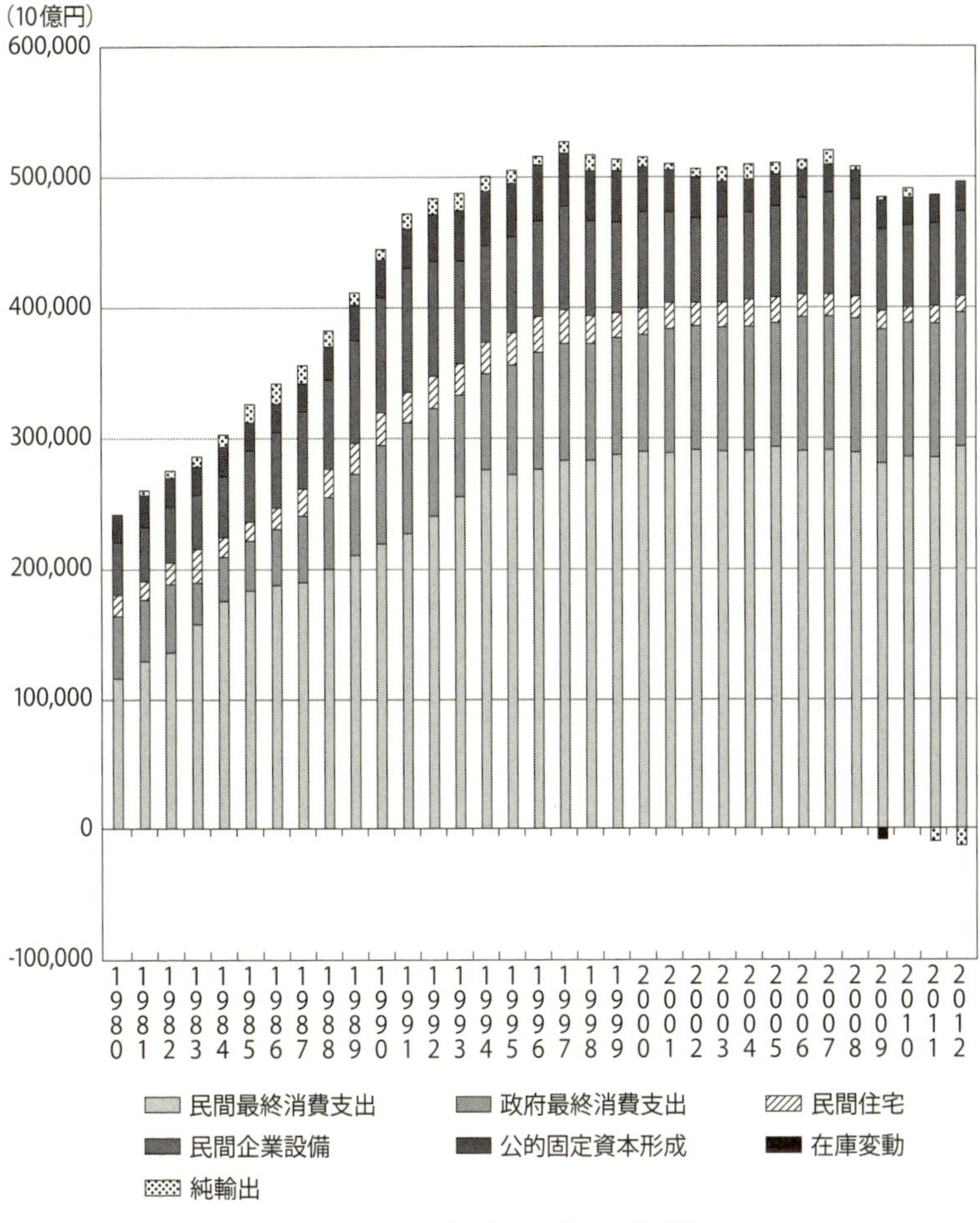

出典：内閣府「国民経済計算」
※1993年までは2000年基準、1994年以降は2005年基準

「日本人が怠けていたからだ」

「日本人が努力を怠ったからだ」

「日本経済はもはや成長せず、衰退していくだけ」

といった話ではない。こうした類いの「全てを、日本を貶《おとし》める方向に考える」自虐的な態度は、いい加減に改めてほしいものだ。

我が国の名目GDPが成長しない理由は、たった一つ。デフレのためだ。デフレとは、物価が下がり続け、同じ製品を同じ数量販売したとしても売上や利益が減ってしまう、厳しい経済現象だ。企業の利益とは、ずばり「所得」とイコールになる。モノやサービスの価格が下がり続けるデフレ期に、企業が安定的に所得を拡大していくことは、これはもう不可能に近い。

もちろん、

「何を甘ったれたことを言っているんだ。我が社は98年以降のデフレ期ですら、売上や利益を増やし続けた」

と、反発する経営者はいるだろう。98年に始まったデフレ期に、自社の売上や利益を拡大し続けた経営者は、確かに経営能力に秀でた立派な人だと思う。

とはいえ、その手の人には、一つだけ理解してほしいのだ。名目GDPが増えていないとは、国民全体の「所得のパイ」が増えていないという話である。すなわち、名目GDPが拡大しないデフレ期に自らの所得を増やした人は、必然的に、

「別の国民の所得を奪っている」

という話になってしまうのだ。

もちろん、筆者は別に「所得は国民が均等に分けるべき」といった、共産主義チックな話をしたいわけではない。自らの所得を増やすためには、他の国民の所得を奪わなければならないデフレ環境は、極めて不健全であると言いたいだけだ。

当たり前だが、互いに奪い合わなければ自らの所得を増やせない時期は、社会において国民同士の軋轢《あつれき》が強まっていく。結果的に、民主主義が揺らぐ。

健全な民主主義国家として、今後の日本が健全な経済成長を達成するためにも、デフレ脱却を実現し、名目GDP全体が増えていく環境を取り戻さなければならないと、当たり前のことを主張しているに過ぎない。

名目GDPと実質GDP

ところで、一般に「経済成長率」と言う場合、それは名目GDPではなく「実質GDP」が拡大した割合を意味している。先の図0－4は、実質ではなく名目で見たGDP

だ。

実質GDPと名目GDPとでは、何が違うのだろうか。

新聞やテレビでは、右記が区別されずに「GDP」と一緒くたにして呼んでいるが、これは非常によろしくない。何しろ、名目値と実質値では、GDPは指標としての意味、概念が大きく違ってくる。

名目GDPとは、読者が目にしているモノやサービスの価格、金額で表されるGDPである。例えば、100円の商品を読者が購入して消費した場合は、100円の名目GDPが増えたとカウントされる。

とはいえ、国民経済の成長は、名目値のGDPを見るだけでは正しく測れない。理由は、名目GDPは実質的なモノやサービスの生産が増えていなくても、物価が上昇するだけで拡大してしまうためだ。

生産量は全く変わらないにもかかわらず、インフレ率が10%に上昇すると、名目GDPも10%成長となる。名目GDPが拡大すると、確かに金額で見た所得は増えていることになるが、「実質的な生産」「実質的な消費・投資」は拡大していないケースがあり得るのだ。豊かになりたいならば、単に名目の所得が増えるのみならず、実質的にも生産、消費・投資の量が増えなければならない。

というわけで、実際の経済動向、すなわち「実質的な生産や消費・投資の増減」を示すために考案されたのが、名目ＧＤＰから価格の変動分を排除したＧＤＰである。すなわち「実質ＧＤＰ」というわけだ。

国民経済上、実際にモノやサービスの供給が増えれば、実質ＧＤＰの数字も増える。物価がマイナス（インフレ率がマイナス、すなわちデフレ）の環境下で、実質的に生産やサービスの供給が増えた場合、名目ＧＤＰは成長しないかもしれない。とはいえ、実質ＧＤＰは増えることになるわけだ。

あるいは、物価が上昇している時期（インフレ期）に実質ＧＤＰが２％成長した場合、名目ＧＤＰはそれ以上に増える。実質的な生産、消費・投資の量の拡大に、物価上昇分が上乗せされるわけである。

所得と税収

現在の日本にとって、名目ＧＤＰと実質ＧＤＰとでは、果たしてどちらが「重要」だろうか。無論、本質論を言えば「両方、重要」という話になるわけだが、どうしてもどちらか一つを選べと言われれば、筆者は、

「名目ＧＤＰの方が重要である」

と、答える。何しろ、現在の日本はデフレだ。デフレ期は物価が下落するため、名目GDPが伸びない。名目GDPが伸びないとは、働く国民の「金額で見た所得」が増えていないという話になる。

所得の金額が増えない国民は、普通は消費や投資を減らす。国民が消費や投資を減少させると、「別の誰か」の所得が減り、さらなるデフレ深刻化を招いてしまう。

また、現在の日本政府の財政赤字が拡大しているのも、実は「名目GDPが成長していない」ことが主因なのである。どういうことか。

読者は政府に税金や社会保険料を徴収されていると思うが、それを「何」から支払っているだろうか。ほぼ間違いなく、「所得」から支払っているはずだ。

企業は粗利益という「所得」から、消費税を支払う（実際に負担しているのは消費者という建て前だが）。さらに、税引き前利益という「所得」から、法人税を支払う。

家計も同じだ。家計は給与所得から「所得税」「住民税」を支払う。健康保険料や年金保険料なども、企業や家計の所得から政府に徴収される。

お分かりだろう。税金や社会保険料の「源泉」とは、所得なのだ。そして、国内の所得の総額を示すのが、名目GDPなのである。

ここまでを理解すると、

「名目GDPと政府の租税収入は、もしかしたら関係が深いのではないか」

という推測が働くだろう。

その通りである。名目GDPと政府の租税収入には、強い相関関係がある。次ページ図0－5を見ると、特に97年以降、我が国の名目GDPと租税収入が、ほぼ同じ動きをしていることが分かるだろう。名目GDPが成長すれば、租税収入も増える。名目GDPがマイナス成長になると、租税収入も減る。

税収の源は国民が働いて稼いだ所得だ。所得の合計が名目GDPである以上、当たり前である。我が国の税収が不足し、財政赤字が拡大を続けている主因は、

「政府の無駄遣い」

とやらではなく、デフレで国民の所得である名目GDPが伸びないことなのだ。

ちなみに、図を見ると、90年から96年まで、名目GDPと租税収入の相関関係が弱まっている。名目GDPが成長しているにもかかわらず、租税収入は減っているのが確認できる。

理由は簡単で、この時期の日本政府はバブル崩壊への対処として、大々的な減税を実施していたのである。当たり前だが、減税とは「租税収入を減らす」政策であるため、政府は名目GDPとは無関係に減収となる。

【図0-5　名目GDPと政府の租税収入】

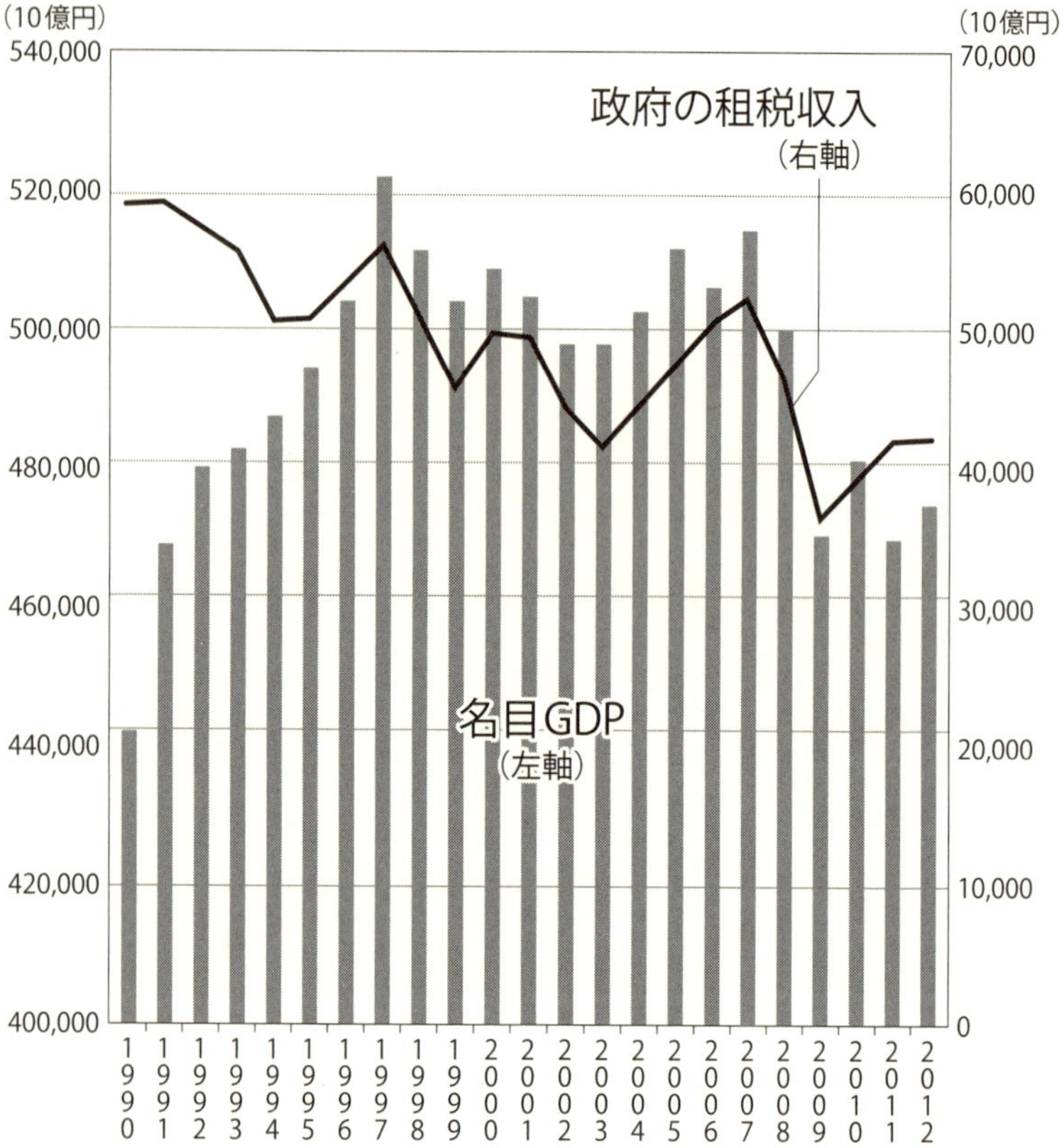

出典：内閣府、国税庁

ポイントは、やはり97年であろう。97年に橋本内閣が消費税を3％から5％に引き上げた。増税が実施された結果、国民が消費や投資を減らし、別の誰かの所得が縮小してしまい、デフレが深刻化し、翌年以降の名目ＧＤＰ、そして「税収」までもが減少してしまったのだ。橋本内閣は、

「増税することで、政府の租税収入を減らした」

ことになる。

所得とは、誰かが「所得から」支出した結果、創出される。誰かがお金を使わないと、別の誰かの所得が減る（あるいは「増えない」）。税金とは、国民が稼いだ所得から政府に「分配される所得」である。国民が稼いだ所得の総計を金額で見たものが、名目ＧＤＰ。誰かがお金を使わないと、名目ＧＤＰが減る。名目ＧＤＰがマイナス成長になると、政府は増税をしたにもかかわらず、いや「増税をしたため」に、かえって減収に陥ってしまう。

「所得創出のプロセス」を知っていれば、誰でも右記を理解できるはずだ。国民経済と「企業会計」は違う。企業会計において、売上を増やし、費用を削減すると、所得（利益）が増える。それに対し、政府の税収は「国民全体の所得」が大きくならなければ、増えようがない。そして、国民全体の所得である名目ＧＤＰは、

「生産されたモノやサービスに、誰かが消費・投資としてお金を使う」

ことなしでは増えないのだ。

以上、序章として「所得とは何か」について書いてみた。本章で解説した事実を基に、我が国において「第二次所得倍増計画」を実現するには、どうしたらいいのか。次章以降、具体的な経済指標、数値、データに基づき語っていきたい。

第1章

物価より「実質賃金」を上昇させる政策を！

デフレーションの正体

さて、デフレーションとはいかなる経済現象だろうか。ずばり、国内企業などの供給能力に対し、「総需要」が不足しているという現象だ。需要とは、支出面のGDPを意味している。

序章で解説した通り、生産面のGDP、支出面のGDP、分配（所得）面のGDPは必ず一致する。これを、GDP三面等価の原則と呼ぶ。

国民が働き、付加価値を「生産」し、誰かが消費もしくは投資として「支出」し、創出された所得が誰かに「分配」される。総需要が不足しているとは、要するに金額で見た支出面のGDPの規模が、国内の生産能力、供給能力に対し足りない、という話になる。

デフレの国は、図1－1の右側の状況にある。本来、国民経済が保有する供給能力（経済学用語では「潜在GDP」と呼ぶ）に対し、総需要（名目GDP）が足りないのだ。結果、潜在GDPと名目GDPの間にマイナスの乖離《かいり》、いわゆる**「デフレギャップ」**が発生し、物価が下落する。物価が下落すると、序章の図0－1（P16・所得創出のプロセス）における「生産者」の所得が小さくなる。何しろ、物価が下落すると、企業は以前と同じ

【図1-1　インフレギャップとデフレギャップ】

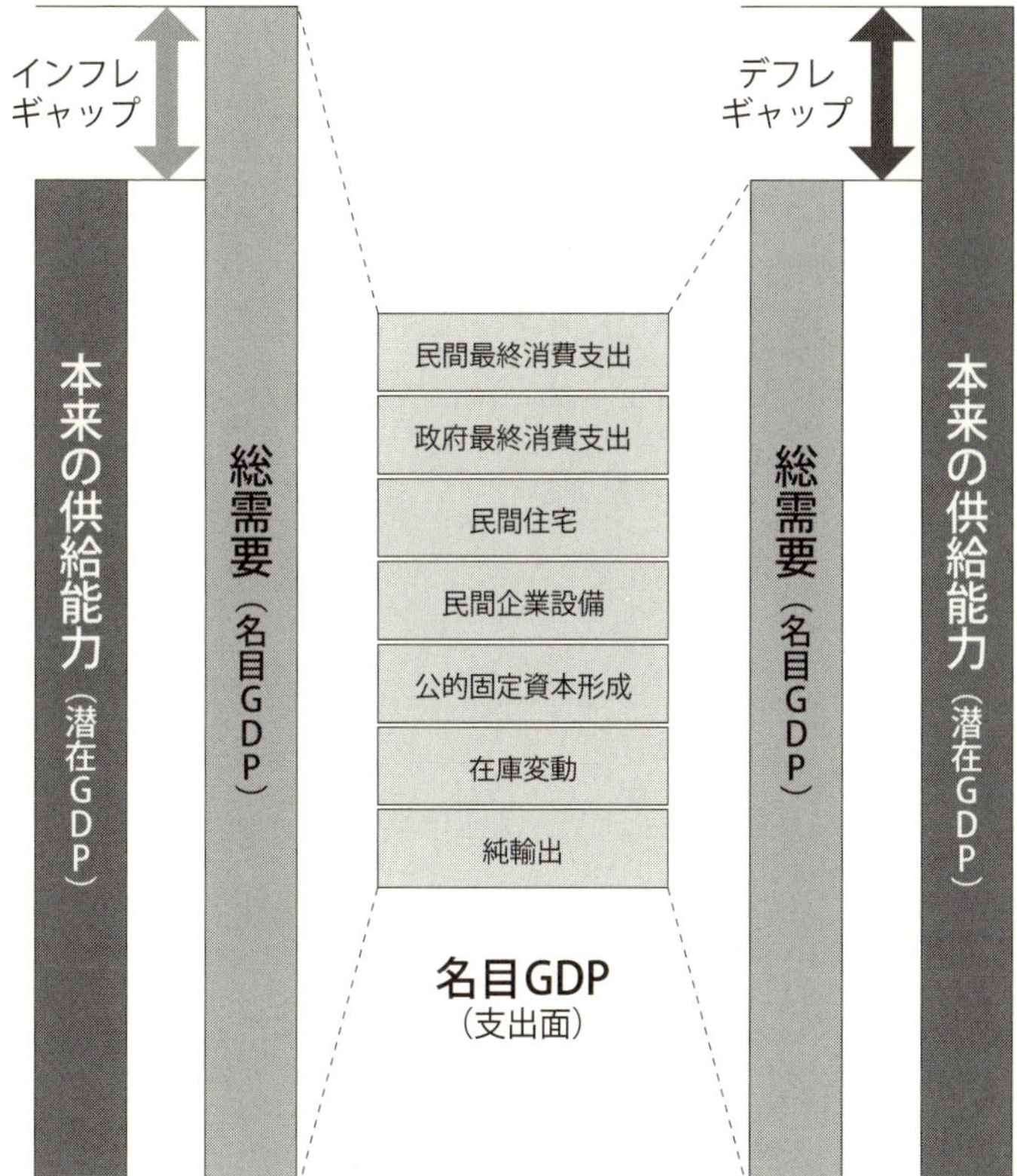

※筆者作成

製品を同じ数量、生産、販売したとしても売上が下がってしまうのだ。

所得が小さくなった生産者は、図0－1の下側（家計・企業・政府・外国）の立場になり、自らのために消費、投資をしようとした際に「金がない」という話になる。買い手に十分なお金がないため、今度は別の生産者が自らの生産物の価格を引き下げ、「自らの所得」をも引き下げてしまう。所得が小さくなった生産者が、図0－1の下側に回ると……。と、物価下落と所得縮小の悪循環がどこまでも続いていくのが「デフレーション」なのである。

マスコミはデフレについて「物価の継続的な下落」と説明する。とはいえ、単に物価が下落する「のみ」であれば、誰も困らない。物価が下落することで生産者の所得が縮小し、さらなる物価下落を誘発することこそが問題なのだ。デフレとは、正しくは**「物価と所得の継続的な下落」**と説明されなければならない。しかも、デフレ期には物価下落率を上回るペースで所得が縮小していく。すなわち、国民が貧困化する。

ところで、なぜデフレーションという経済現象が発生するのか。あるいは、日本はなぜ長期にわたり、デフレに苦しみ続けているのか。

デフレの原因は、人口減少や少子化、あるいは財政悪化ではない。というよりも、デフレに落ち込んだ国は少子化に陥り、人口が減少し、財政も悪化する。少子化、人口減少、財政悪化は、デフレの原因ではなく「結果」なのだ。

バブル崩壊と「借金返済」

実は、デフレは「あるイベント」を経験しない限り、絶対に発生しない。「あるイベント」とは、もちろん**バブル崩壊**である。

バブル期、民間企業や家計は銀行からお金を借り、値上がり益（キャピタルゲイン）を目的に資産を購入する。値上がり益を目的にお金を借りて資産を購入することは、「投資」とは呼ばない。**「投機」**だ。英語でいうと、スペキュレーションである（「投資」はインベストメント）。

同じ「お金を借りて、資産を購入する」であっても、所得（インカム）が目的の投資と、値上がり益が目的の投機は全く違うので、注意してほしい。

さて、バブルとは国民の「投機活動」が爆発的に膨張する現象だ。誰もが資産の値上がり益を目的に、銀行から借金してまで土地や株式を購入する。なぜ、お金を借りてまで投機に走るかといえば、もちろん資産価格が「目の前で値上がりしている」ためだ。そして、値上がり益を目的に国民が投機を増やすと、当たり前の話として資産価格はさらに上昇する。資産価格が上がると、それを見ていた他の国民までもが投機に走り、資産価格がどこまでも高騰し、バブルが膨張していく。

やがて、バブルは崩壊する。というより、バブルは崩壊するからバブルなのだ。崩壊しないバブルは、単なる資産価格の上昇である。

問題は、バブルが崩壊することそれ自体ではない。バブルが崩壊した「後」の国民の行動だ。バブルが崩壊すると、国民は「借金をして購入した」資産の価格が暴落する憂き目に遭う。そのとき、国民は気がつくのだ。バブルが崩壊し、資産価格が激しく下落したにもかかわらず、借金は「丸々残っている」という現実に。

というわけで、バブルが崩壊すると、国民は一斉に「借金返済」に走る。資産価格が下がり、借金だけが残っている以上、借金返済に突き進む国民の行動は極めて「合理的」だ。とはいえ、個別の国民にとって合理的な行動が、マクロ（国民経済）に集約されると、とんでもなく非合理な結果をもたらしてしまうのである。いわゆる、合成の誤謬《ごびゅう》の発生だ。

何しろ、借金返済はGDP上の「消費」にも「投資」にも該当しない。読者がどれだけ莫大な借金を銀行に返済しても、誰の生産も生まれず、誰の支出も生まれず、誰の所得も生まれない。

すでにお分かりだろう。1985年に始まった我が国のバブルは、91年前後に崩壊した。結果的に、投機の主役であった民間企業が一斉に借金返済に走り、国内の消費、投資が減少し、「誰か」の所得が減った。所得が減った「誰か」は、もちろん自らの支出も減らすため、別の生産者がモノやサービスの販売価格を引き下げ、そうして彼自身の所得をも縮小させてしまう悪循環が始まったのだ。

しかも、日本の場合は97年に橋本龍太郎内閣が消費税増税と公共投資の削減を強行し、日本経済を本格的なデフレーションに叩き込んだ。バブル崩壊後に国民が借金返済を拡大し、国民の所得が減っている環境下において、政府が何を血迷ったのか、さらに「国内の消費、投資を減らす」政策を実施したのだ。

実は、日本がデフレーションに突入したのはバブル崩壊直後ではない。橋本緊縮財政（増税、公共投資削減）が強行された翌年、すなわち１９９８年なのである。

バブル崩壊後に国民は借金返済（および銀行預金）を増やし、国内における消費や投資を減らした。結果としてモノやサービスの価格が下がり、国民の所得が縮小し始めたところで、橋本内閣が「えいっ！」とばかりに背中を押し、国民がますますお金を使うことができない状況を作ったわけだ。

バブル崩壊に政府の愚策が加わり、我が国の総需要の不足は決定的になる。需要、つまりは「仕事」が減っても、バブル期の投資により拡大した供給能力（工場、店舗、人材など）は、簡単には消えない。ちなみに、バブル期の日本の設備投資（GDP上の民間企業設備）は、驚くなかれ、アメリカの2倍の水準に達していたのだ。人口比を考えると、当時の日本企業は、事実上、アメリカの4倍の設備投資を実施していたことになる。

バブル期の投資拡大により供給能力が膨れ上がった状況で、総需要が激減した。我が国のデフレギャップは拡大し、物価下落と所得縮小の悪循環、すなわちデフレーションが始まったのである。

右記を理解しさえすれば、**「正しいデフレ対策」**とは何か、誰にでも分かるはずだ。すなわち、誰かがお金を使い（消費、投資として）、総需要を拡大すればいいのである。

とはいえ、デフレ期には民間はお金を使わない。理由は、物価下落以上のペースで所得が縮小してしまっているためだ。分かりやすく書くと、貧乏になっているのである。貧乏で、金がないから、金を使えない、という話だ。そして、民間がお金を使わなければ、総需要は落ち込み、デフレがますます深刻化していく。

というわけで、政府の出番なのである。「通貨発行権（＝中央銀行の国債買取）」を持つ政府が、

「通貨を発行し、借り入れ、所得を創出するように使う」

ことで、デフレギャップを埋めるのだ。この「通貨を発行し、使う」というのが、過去

の無数のデフレーションにおいて効果が実証されている、たった一つの対策だ。

安倍晋三政権のデフレ対策は**「金融政策（量的緩和＝通貨発行）」**と**「財政政策（公共投資など）」**のポリシーミックスとなっている。この組み合わせは、その規模はともかく、方向性は完璧に正しいデフレ対策になる。

第二次安倍内閣が「デフレ脱却」を標榜して誕生した以上、金融政策と財政政策の組み合わせは、デフレ対策として当然やるべき施策だ。日本政府が消費、もしくは投資として支出することで総需要を拡大し、デフレギャップを埋める。しかも、政府支出の源泉が通貨発行（日銀の国債買取）である以上、金利上昇で民間経済が阻害されることもなく、さらには政府の実質的な借金も増えない（日本銀行は日本政府の子会社である。日本政府が国債を日銀に買い取らせることで、借金の返済負担や利払い負担は実質的に消滅する）。

安倍政権の「正しいデフレ対策」は、金融政策がアベノミクスの「第一の矢」、財政政策が「第二の矢」と呼ばれている。問題なのは、アベノミクスに本来は不要であった三本目の矢、すなわち成長戦略と銘打たれた「構造改革」が入り込んだことである。

減り続ける平均給与

次ページ図1－2の通り、我が国の物価（コアコアＣＰＩ）がピークを打ったのは98年

【図1-2　日本のコアコアCPIと平均給与(対1995年比)】

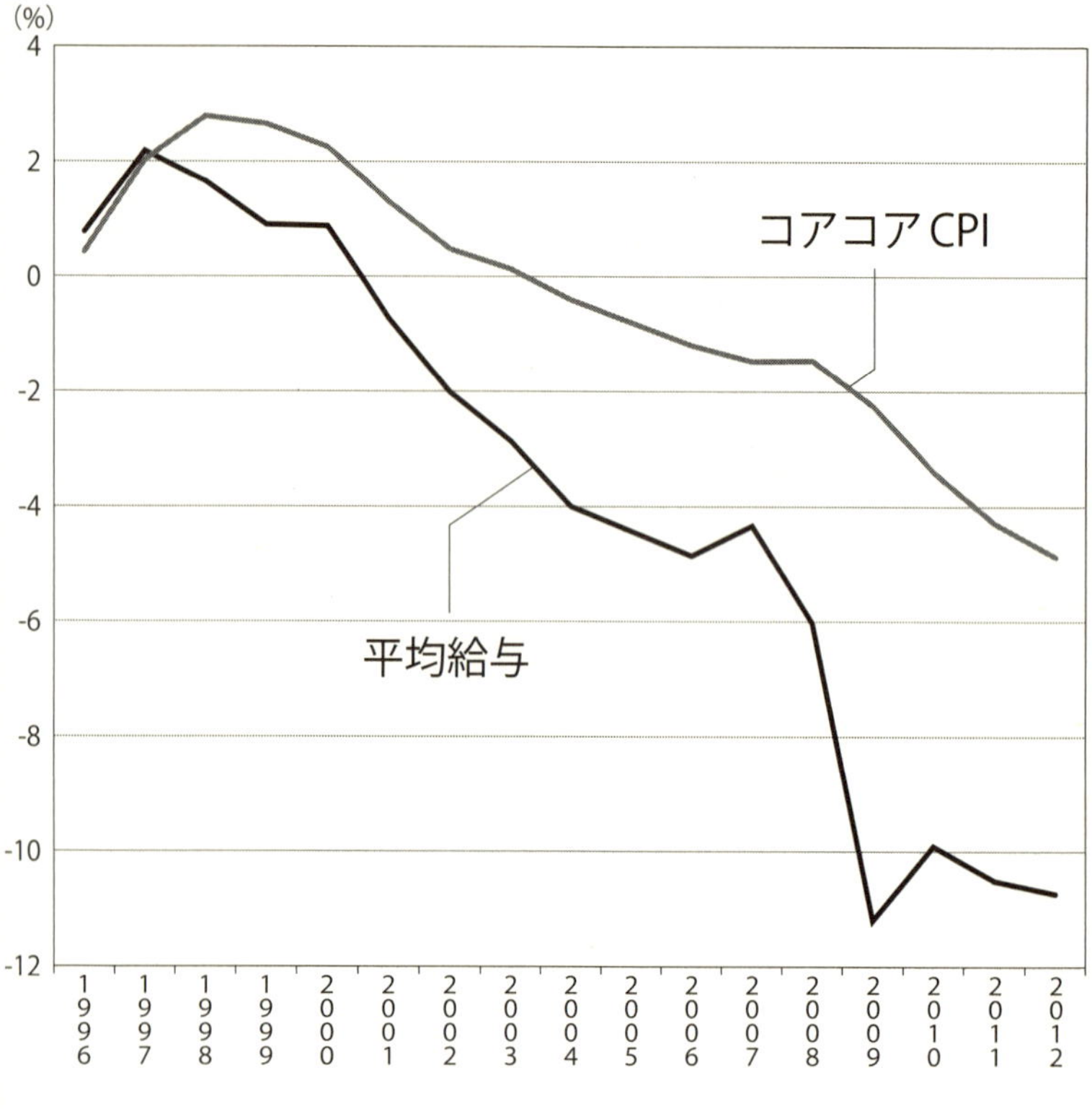

出典：総務省統計局、国税庁
※コアコア CPI：食料、エネルギーを除いた消費者物価指数

になる。とはいえ、先にも書いた通り、物価が下がる「だけ」であれば、誰も困らない。

物価が下がり、企業の業績が悪化すると、倒産・廃業、失業者が増える。さらに、物価の下落とは表裏一体の通貨価値から見ると、「日本円の価値の上昇」になる。同じ金額の日本円で買えるものが、次第に増えていくわけだ。

困ったことに、デフレで日本円の価値が上昇することは、「外貨に対し日本円の価値が上がる」ことをも意味しているのである。すなわち、円高だ。デフレで日本円の価値が高まり、円高が進行していくと、製造業の工場が続々と「外国」に移っていく。当然の話として、日本国民の雇用環境は悪化し、失業が増え、給与所得は下がる。

ところで、我が国がデフレに苦しめられてきた15年間は、世界的に**「グローバリズム」**が広まった時期と一致している。グローバリズム、あるいはグローバリゼーションとは、世界各国の「国境という規制」を引き下げ、モノ・サービス、資本（カネ）、そして労働者（ヒト）の移動を自由化しようという発想である。要するに、経済の三要素であるモノ、ヒト、カネの国境を越えた動きを加速させようという考え方だ。

グローバリゼーションが進むと、大手輸出企業はグローバル市場において、中韓など国民所得が我が国よりも低い国の企業との競争を強いられる。グローバル市場で日本企業が「価格競争」に勝利するためには、最終的には「国内の人件費を引き下げる」方向に進まざるを得ない。

また、我が国では2002年頃から、国境を越えた資本の移動が広がっていった。特に、日本の大手企業に外国資本が入っていった影響は大きかった。

外国の投資家は、グローバル株主資本主義に基づき、日本企業に配当金の拡大や自社株買いを要求する。日本企業が配当金や自社株買いの原資となる「利益」を増やすためにも、人件費は「低いほうが望ましい」という結論になってしまうのだ。

国境の向こう側からグローバル株主資本主義の圧力を受ける一方、国内は総需要が不足し儲からない。さらには、グローバル市場で韓国企業や中国企業との競合を強いられた大手の日本企業は、**「人件費の切り下げ」**あるいは**「人件費の変動費化」**を熱望するようになっていった。

そして、我が国で派遣労働の拡大、社員の非正規化が進んだ。

特に、小泉純一郎内閣時代（04年）に労働者派遣法が再改正され、製造業における派遣労働も認められることになった影響は大きかった。いわゆる**「労働市場の自由化」**だ。

ちなみに、我が国の派遣労働は中曽根康弘内閣時代（86年）に解禁され、橋本内閣期（96年）に業務の範囲が一気に拡大し、小泉政権下でついに「製造業」にまで認められることになったのである。

デフレに派遣社員の業務拡大が重なった結果、日本は「いざなみ景気（02年2月～08年2月の73ヵ月間）」という空前の長さの景気拡大期ですら、国民の平均給与が下がり続ける異常事態に至った。国民の所得が増えていない以上、総需要も拡大せず、デフレ脱却もまた、達成できなかった。

派遣労働の拡大は、企業にとって人件費の変動費化を意味している。

そもそも、人件費とは企業にとって固定費だ。すなわち、売上の増減にかかわらず、固定的に負担しなければならなかった費用なのである。

それに対し、正規社員を派遣社員に切り替えると、企業は人件費を変動費化できる。売上が堅調に伸びているときには増やし、売上減少に見舞われた際には「削減」可能なコストと化したのだ。

派遣労働の拡大による人件費の変動費化は、確かに企業にとって、財務的には好影響を与える。何しろ、売上が減少した時期ですら、派遣社員を切ることで人件費を節約し、利益を捻り出すことが可能なのだ（そして、利益から株主に配当金が支払われる）。とはいえ、働き手側にしてみれば、単純に雇用が不安定化し、さらに毎月の手取りが削減されることを意味しているにすぎない。

また、人件費削減が容易になると、それこそグローバル市場で戦う大手輸出企業などに

してみれば、

「国際（価格）競争力が上がった」

という話になるわけだが、国民経済として「それで本当に構わないのだろうか」という疑問を、日本国民は持つべきだったのだ。

何しろ、ただでさえデフレで総需要が増えない環境下で、正規社員が派遣社員化していくと、デフレギャップはさらに拡大する。派遣社員は正規社員ほどには消費を増やさない。国内の消費不足（需要不足）はエンドレスに続き、デフレが深刻化することで企業業績は好転せず、さらなる失業者の増加、あるいは派遣社員への切り替えが進む。

ここで注意しなければならないのは、企業が従業員に支払う給与に関する「とらえ方」だ。すなわち、給与を人件費、つまりは単なる**「費用」**と見なすのか、あるいは**「購買力」**として見るかである。

デフレ深刻化後、特に小泉政権期において、企業が給与を「費用」として見る傾向が強まった。デフレ下で利益を出すためには、費用を削るしかない。特に、労働者派遣法の改正により、人件費は「削りやすい費用」と化した。

グローバル株主資本主義の蔓延で、企業は株主から「利益」を求められる（しかも、四半期ごとに！）。短期間で利益を増やすには、それこそ人件費を削減する以外に方法はない。大々的なリストラが実施され、そのたびに経営者が（なぜか）絶賛されるわけだが、国民の購買力は下がっていった。

国民の購買力が低下し、内需が振るわなくなると（しかも、デフレだ！）、企業はグローバル市場を目指す。グローバル市場で価格競争力を高めるには、国内の費用を削減するしかない。削りやすい費用は、人件費だ。正規社員を派遣社員に切り替え、あるいは給与所得の水準を落とす。

すると、当たり前の話として国民の購買力が下がり、内需が成長しなくなる。内需が不振になったことを受け、企業が「やっぱりグローバルだ」とグローバル市場で価格競争を繰り広げ、さらなる国内の人件費削減を招く。

このバカバカしい悪循環を延々と続けてきたのが、小泉政権以降の日本なのである。

誤解がないように書いておくが、グローバリゼーションあるいはグローバリズムが「デフレの原因」という話ではない。デフレの原因は、あくまでバブル崩壊後の総需要の不足である。

とはいえ、グローバリゼーションが我が国において、デフレを「深刻化」させたのは間違いないのである。そもそも、グローバリゼーション、国境を越えてモノ、ヒト、カネの動きを加速させる発想は、各国、各企業の生産性を高め、「物価を抑制する」ためのインフレ対策なのだ。

日本は橋本内閣以降に本格的なデフレーション（物価下落）に陥ったにもかかわらず、物価を抑制するグローバリゼーションを推進し、国内の人件費切り下げに邁進《まいしん》したことになる。我が国のデフレが長期化して、当たり前だ。

そして、問題に思えるのは、現在の第二次安倍内閣が、第一の矢（金融政策）と第二の矢（財政政策）という正しいデフレ対策を打ちつつ、同時に第三の矢として、小泉政権期の失敗を繰り返そうとしているように見受けられることである。

人件費の変動費化は企業の競争力を削ぐ

かつての日本企業にとって、人件費とは固定費であった。中曽根康弘内閣が派遣労働を解禁するまで、我が国の雇用の中心は正規雇用だったのである。

企業は売上の変動にかかわらず、固定費として社員に人件費を払う。社員は終身雇用制度の下で安定的な身分を確保し、企業に対する帰属意識、ロイヤリティ（忠誠心）を高めていく。いつしか、社員の心中で、

「会社のために」

という気持ちが強まり、自らの中に、スキル、ノウハウ等を蓄積していく。すなわち、

企業のコアコンピタンス（中核的能力）である「人材」へと育っていったのである。

そして、人材の集合体こそが「企業」なのだ。日本企業の強みは、安定した雇用環境の下で自らの能力を「会社のために」高める人材によって裏打ちされていた。

当たり前の話だが、人材とは「働く経験」なしでは育たない。例えば、読者の会社に高い教育を受けた新入社員が入社してきたときを想像してみてほしい。

彼、彼女はいい大学を卒業し、性格も悪くなく、真面目で、真摯で、コミュニケーション能力にも優れている。一見、非の打ち所がないように見えるこの新入社員が、読者の会社において即戦力になれるだろうか。

なれるはずがない。何しろ、彼、彼女は読者の会社の業務について、何も知らない。

というわけで、読者は新入社員に業務を教え込む。ＯＪＴ（企業内教育）を実施し、当初は読者が同伴することで、新入社員に「仕事」を覚えていってもらう。

やがて、新入社員が一人で仕事にチャレンジし、ほぼ確実に「失敗」する。読者は怒り、彼、彼女を叱り飛ばす。

「何をやっているんだ！　お客様に迷惑をかけて！」

と。

新入社員は落ち込み、反省し、やがて立ち直る。自らを鼓舞し、かつての元気を取り戻

し、

「もう一度、やらせてください」

と言ってくる。読者は不安に駆られながらも、再度、新入社員に一人でチャレンジさせてみる。

そして、またもや失敗する。読者はため息をつく。

とはいえ、やがて時間が経過し、新入社員も仕事を覚え、失敗の数が減っていく。仕事への挑戦、失敗、そして時に成功を繰り返すことで、やがて彼、彼女は読者の会社にとって「宝」である人材へと育っていくわけだ。

右記の「挑戦、失敗、成功」というプロセスは、読者の多くも経験しているはずだ。この世に一度も仕事上の失敗をしたことがない社会人など、存在するはずもない。

何を言いたいかといえば、人材が創出されるためには**「働く機会」**が必要という話だ。どれだけ立派な教育を受けていたとしても、働くという経験をしない限り「人材」にはなれない。

デフレ深刻化（98年）以前の日本では、多くの国民が正規社員として雇用され、人材になる機会を与えられていたのである。結果、我が国の企業の競争力は高まった。

無論、ここでいう**「競争力」**とは、モノやサービスを生産する力、という意味になる。

グローバル市場における価格競争力の話ではない。

ところが、昨今のマスコミやエコノミストたちは、グローバル市場における価格競争力を「国際競争力」と表現する傾向が強い。国際競争力（そもそも定義不明な用語なのだが）がグローバルな価格競争力とイコールになってしまうと、国民所得が高い日本の企業は必然的に不利になる。

グローバル化が容赦なく進展し、日本の大手輸出企業は国民所得が低い国々（新興経済諸国など）の企業との競争を強いられる状況になった。人件費の変動費化のニーズが高まり、橋本龍太郎内閣、小泉純一郎内閣により派遣労働の拡大が実施された。

正規社員を派遣社員に切り替えることで、日本企業は確かに人件費を削減することができた。とはいえ、当たり前の話だが、派遣社員は会社への帰属意識が低く、自らを「会社のための人材」として成長させようなどとは思わない。そもそも、派遣労働は短期契約が原則であるため、派遣社員にノウハウ等が蓄積されたとしても、数年もしないうちに企業から失われてしまう。

正規雇用を非正規雇用に切り替えた企業は、「短期」で見れば人件費を削減し、企業の利益を拡大するという便益を享受する。しかし、長期的に見ればどうだろうか。企業の「コア」たる人材が育成されない結果、長期的には企業の競争力（しつこいが、価格競争力ではない）が削がれるというリスクを冒すことにはならないか。

労働の質

国民経済にとって、「強い経済」とは国民の需要を「自国の企業」「自国の人材」で満たすことができる経済である。そもそも、経済とは**「経世済民」**を語源にしている。経世済民とは、

「世を経《おさ》め、民を済《すく》う」

という意味の四字熟語だ。別に、

「国際競争力を高め、グローバル市場で勝ち抜く」

ことが経済の目的ではない。国際競争力という名の「価格競争力」を高め、国民の人件費を引き下げ、貧困化させることは、経済の本質的な目的から外れている。

例えば、２０１３年、ギリシャの失業率は、一時は27％台の大台に乗った。しかも、27％という失業率は「全世代」の話であり、15歳－24歳の若年層失業率は60％を上回っている。

ギリシャの若年層失業率の高まりは、現在の問題でもある。何しろ、失業者はその日の糧を得るための所得を稼げない。

とはいえ、より重大な問題は、ギリシャの若者たちが仕事の経験を積むことができず、将来的に人材に育つ芽を摘まれていることなのである。何しろ、仕事を経験しない人は絶対に人材になれない。

現在のギリシャの高失業率を放置しておくと、どうなるだろうか。10年後、20年後に、社会の中核を担うべき世代が「働いたことがない」という状況になってしまう。すなわち、その時点のギリシャは、

「高層ビルを自国企業では建てられない」
「大きな橋を自国企業では架けられない」

有様になっている可能性が高いのだ。自国の企業や「人材」でビルや橋を建設できない国のことを、何と呼ぶだろうか。ズバリ、**発展途上国**である。

国民一人ひとりが働き、各種の経験を積み、モノやサービスを生産する能力を蓄積すること。これこそが経済発展と繁栄への道なのである。逆に、国民が働かない、あるいは働けない状況を放置しておくと、次第に「人材」が失われていき、最終的には発展途上国に落ちぶれることになる。

そして、現在の日本はギリシャよりは圧倒的に遅いペースではあるものの、次第に「国民が働かない」国と化しつつある。何しろ、第二次安倍晋三内閣の発足後、デフレ脱却の

方向に向かった2013年においてすら、我が国の生活保護受給者は増え続けていたのだ。

図1-3の通り、アベノミクスにより株価が上昇し、「好況感」が広まった2013年でさえ、生活保護世帯数と生活保護実人員が、ほぼ一貫して増加を続けた。最新データである2014年3月の生活保護世帯数は、史上最高値を更新した。

無論、生活保護世帯数の増加の一因は、無年金の高齢者が増えているためではある。だが、高齢者世帯、母子世帯、障害者世帯、傷病者世帯「以外」の「その他の世帯（およそ29万世帯）」の生活保護世帯数は、別に減ってはいないのだ。アベノミクスによる13年の経済的な活況は、彼らを労働市場に引き戻すには不十分だったという話なのだろう（結果的に、各種産業で人手不足が顕在化しているわけである）。

ところで、2013年は株高に沸いた一年であり、物価も上昇傾向に転じた。そもそも、第二次安倍内閣は「デフレ脱却」を標榜した政権である。資産価格や物価にのみ目をやれば、及第点をつけられるかもしれない。

とはいえ、残念なことにデフレとは物価のみの問題ではない。先述の通り、物価下落と所得縮小の悪循環がどこまでも続いていくのが「デフレーション」なのだ。

すなわち、物価が上昇したとしても、それを上回る「所得拡大」が達成されなければ、

【図1-3　日本の生活保護世帯数及び生活保護実人員】

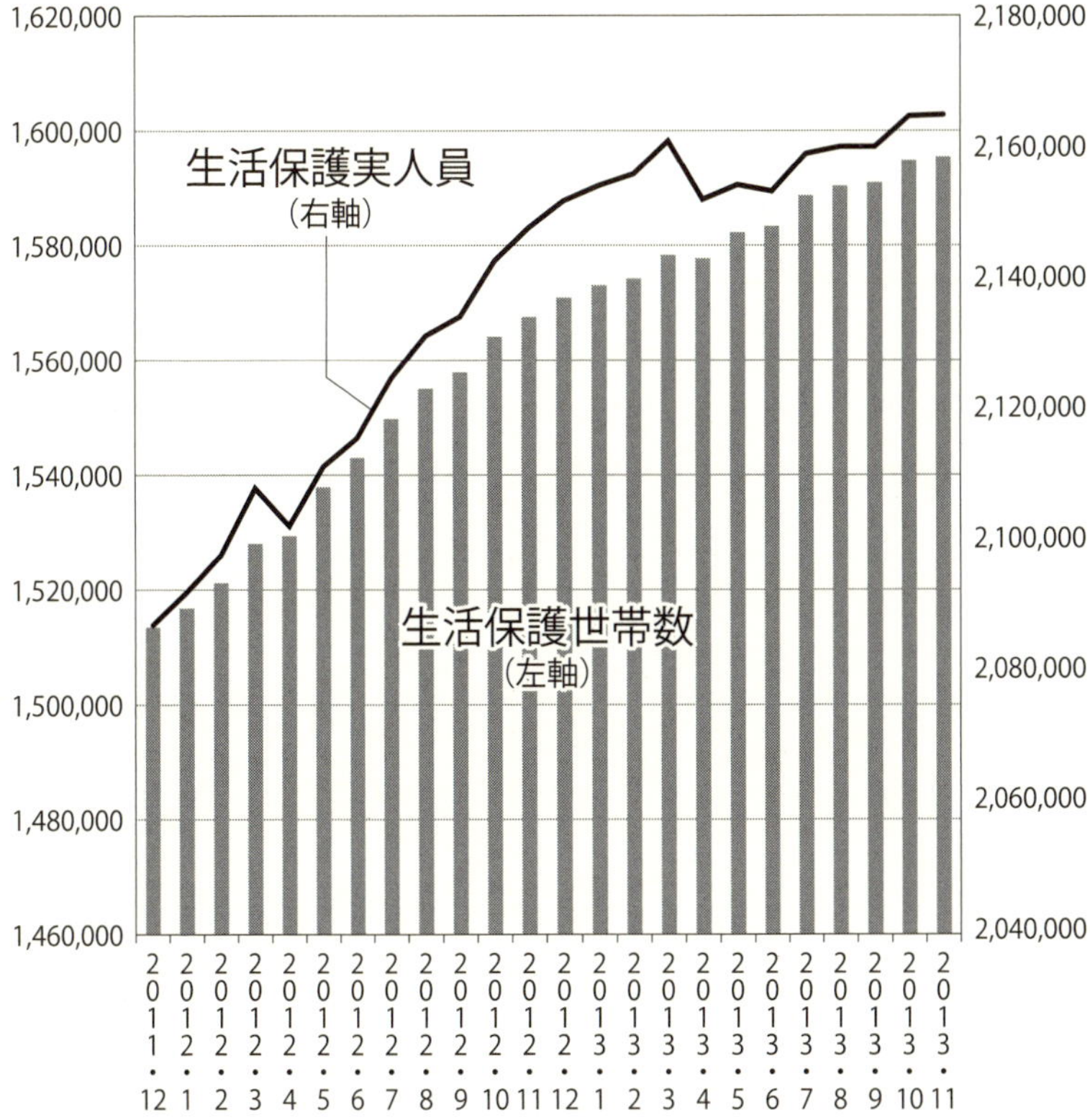

出典：厚生労働省「被保護者調査」

デフレ脱却とはお世辞にも言えない。何しろ、所得が上がらない環境下において、物価のみが上昇していくと、これは「実質的な賃金低下」を意味しており、国民が次第に貧しくなっていくという話になってしまうのだ。

「物価の下落率以上に、所得が縮小する」ことがデフレーションだが、

「物価の上昇率に、所得上昇が追いつかない」環境も、国民が貧困化していくという点では変わりがない。

厚生労働省は、2014年2月5日に毎月勤労統計調査の速報値を発表した。2013年の労働者一人（パート含む）に対し支払われた各月の現金給与総額（残業代、賞与含む）の平均は、過去最低だった2012年を23円「だけ」上回り、31万4150円だった。

給与の名目値（金額）だけを見ると、日本国民の所得が回復傾向にあるのは確かなのだ。もっとも、残念ながら2013年にはすでに物価が上昇傾向に転じていた。わずか23円の上昇では、物価上昇に全く追いつかず、実質賃金は対前年比でマイナス0・5%となってしまった。

すなわち、2013年ですら、日本国民の貧困化は止まらなかったわけである。

しかも、我が国の国民経済は、国民の実質的な所得が上昇しない状況の中で、消費税増税という「崖」に直面することになった。ちなみに、前回の増税直前の96年の実質賃金は、１・１％のプラスだった。それにもかかわらず、消費税増税で日本経済はデフレに突っ込み、97年の実質賃金は０・０％、98年はマイナス２・０％と、国民の貧困化が始まったのである。

そして、今回は増税前年の13年がマイナス０・５％。実質賃金だけを見れば、97年の増税時よりも状況が悪いのだ。６月18日に４月の実質賃金の確報値が発表されたが、何とマイナス３・３％。衝撃的な落ち込みだ。

我が国はすでに「物価のみ」を意識するべき局面を過ぎようとしているのである。政策の重点を物価から**「国民の所得」「実質賃金」**の拡大に移さなければ、「所得が増えないにもかかわらず、物価のみが上がる」状況に陥り、国民は怨嗟《えんさ》の声を上げ、大手マスコミが大喜びで政権批判を展開することになるだろう。

無論、右記「実質賃金」の問題は、安倍政権も理解している。だからこそ、安倍政権は大手企業などに賃上げを「要請」し、一部の企業は政府からの「要請」に応えようとしているわけだ（当たり前だが、日本政府は国内企業に対し賃上げの「強制」はできない）。

例えば、トヨタ自動車は08年以来、６年ぶりのベースアップ（基本給の引き上げ）を実施した。また、日立製作所など、トヨタ以外にもベースアップに踏み切る大手企業が出てきた。

日本の雇用形態

問題は、我が国の雇用の7割強は大企業ではなく、中小企業によって担われているという点だ。先の毎月勤労統計調査の確報値を事業所規模別でみると、従業員30人以上の事業所は13年の名目賃金が対前年比0・3％増加であった。それに対し、従業員29人以下の中小零細事業所では、名目賃金すら対前年比0・0％のままだったのである。すなわち、中小零細企業で働く人々の多くは実質賃金どころか、名目賃金までもが減少したのが2013年という年だったのだ。

また、予想はしていたが、正規雇用と非正規雇用の間の賃金格差も開いている。正社員などの一般社員の平均賃金が0・7％増だったのに対し、パートタイム労働者は0・6％の減少に終わった。2013年を通じ、正規雇用の労働者は名目賃金が増えた（それでも、物価上昇により実質賃金はマイナスだが）のに対し、非正規雇用は逆に減ったというのが現実の数字だ。

さらに問題なのは、2013年は確かにアベノミクス効果で雇用が改善し、失業率が下がったものの、増えたのは「非正規雇用」だったという現実である。

次ページ図1－4の通り、正規雇用が精々横ばいで推移する中、非正規雇用は増え続けた。13年の失業率の改善は、主に非正規雇用の増加によって実現したのである。

当たり前だが、非正規雇用の労働者は、正規雇用に比べて生活が不安定で、お金を使わない。お金が使われなければ、別の誰かの所得が創出されない。別に、非正規雇用の拡大による雇用改善は「無駄である」などと極論を言いたいわけではないが、

「正規雇用の増加＋実質賃金の上昇」

が、

「非正規雇用の増加＋実質賃金の低下」

よりも、デフレ脱却に有効であることは、説明するまでもないだろう。

ついでに書いておくと、非正規雇用の増加は我が国の少子化の一因にもなっている。正規社員になれず、雇用が不安定な若い世代は、所得不足が理由で結婚や出産に踏み切れない。

デフレや少子化など、我が国が抱える各種の問題を解決するためには、何としても「正規雇用の増加＋実質賃金の上昇」をメインとした経済成長が必要なのだ。そして、残念な

【図1-4　日本の雇用形態別雇用者数(役員は除く)の推移】

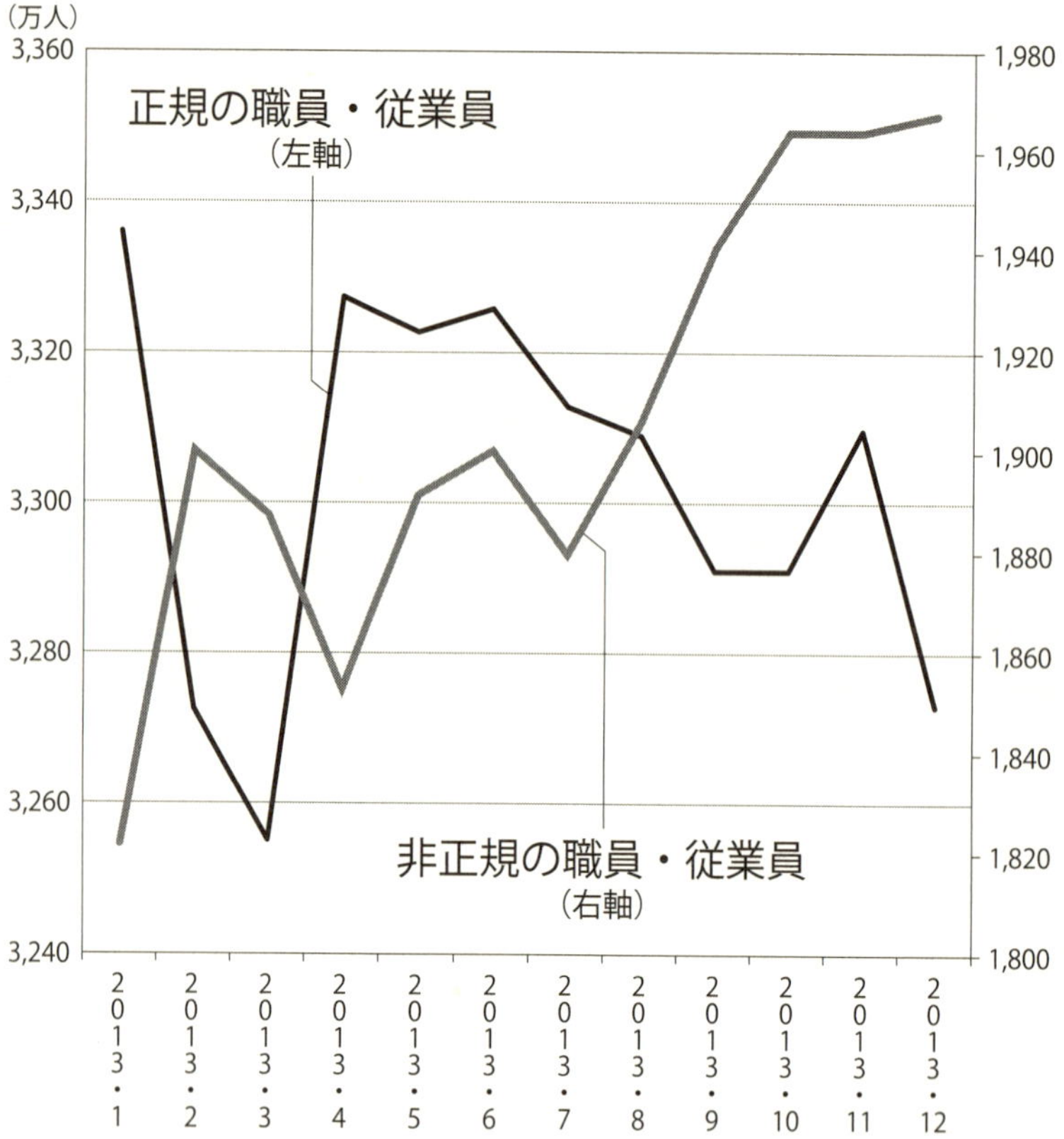

出典：総務省統計局「労働力調査」

がら安倍内閣は「正規雇用の増加＋実質賃金の上昇」の実現には、未だに到達していない。

それどころか、非正規雇用を拡大する「雇用の流動性強化」を推進しているのである。安倍内閣は２０１３年10月16日に、有期雇用の期間を最長10年に延長する方針を固めた。すなわち、派遣社員やパートタイム社員などが、改正労働契約法によって定められた5年を超えて「非正規雇用」として働き続けることを可能にする政策だ。

正直、意味が分からなかった。

現在の安倍内閣に求められる労働政策は、非正規雇用の正規雇用化ではないのか。無論、個人的な意向で5年を超えて非正規雇用労働者として働きたい人はいるだろう。そういう人が、本人の希望で非正規雇用として長期間、特定の企業で働くことは別に構わないと思う。だが、なぜ安倍政権は同時に**「非正規雇用の正規雇用化」**の政策を打たないのだろうか。

1月19日、厚生労働省の労働政策審議会は15年4月からの適用を目指す「労働者派遣法改正案」骨子の最終報告案をまとめた。報告案では、予想通り派遣労働者に任せることが可能な仕事の範囲や期限が拡大し、企業側は3年ごとに人員を入れ替えれば、いかなる仕事でも継続的に派遣労働者に任せることが可能となっていた。

さらに、安倍政権は現時点に至っても、正規社員に退職金以外のお金を支払うことで解雇可能とする「金銭解雇」の実現を諦めていない。金銭解雇ルールは、第一次安倍政権の際に実現しかかったのだが、自民党が参議院選挙で敗北した結果、お流れになったという経緯を持つ。

安倍総理は2月17日の衆院予算委員会における答弁で、労働者派遣法改正後も、

「（派遣で働く人数を）増やすべきだとはまったく考えていない」

との考えを示した。

ならば、なぜ派遣労働などの非正規雇用から、正規雇用への切り替えを促す法案を推進しないのだろうか。無論、正規雇用への切り替えを推進する「雇用規制の強化」は、企業の「価格競争力」を低下させるかもしれない。とはいえ、何度も繰り返す通り、企業の目的は別に「グローバル市場で利益を上げること」ではない。

日本の政治家は、あるいは企業経営者は、労働者の賃金を上げることで「国内の購買力」が高まった結果、内需中心の経済成長が実現できていたバブル経済以前に回帰するべきなのである。経済学者のハジュン・チャン氏（ケンブリッジ大学教授）の研究によると、グローバル化が進行した現在と「それ以前」を比べると、先進国の経済成長率は2倍程度の差がついてしまうという。無論、グローバル化「以前」の方が経済成長率は高かっ

た、という話だ。

現在の日本は、内需中心の経済成長路線に戻ることを目標に置いた場合、それを実現する絶好の機会を迎えている。単に、国民の所得を中心に物事を考え、**「雇用の質」**にも配慮した政策を打てばいいだけなのである。

それにもかかわらず、現実の安倍政権は国民の所得を引き下げ、所得格差も拡大する雇用規制の緩和を進めていっている。なぜなのだろうか。

そういえば、政府の規制改革に大きな発言力を持つ、産業競争力会議の「民間議員」竹中平蔵氏は、人材派遣大手パソナグループの取締役会長という地位にある。

第2章

「安全保障」は巨大な「成長分野」である

——「軍事的安全保障」「食糧安全保障」「医療安全保障」「エネルギー安全保障」

所得倍増の意味と意義

さて、本書のテーマは「新たな所得倍増計画」であるが、所得とは国民経済というマクロ的には**「名目GDP」**を意味している。2013年の名目GDP（速報値）は478・4兆円である。所得倍増計画とは、文字通り国民の所得を2倍に拡大し、2020年代初頭に名目GDP1000兆円を目指す計画になる。

とはいえ、名目GDPが拡大すればそれで話が済むかといえば、もちろんそんなことはない。第1章で取り上げた通り、正規雇用ではなく非正規雇用の労働者が増え続けるタイプの名目GDPの成長は、我が国の国民経済にとって好ましいとは言えない。

それ以前に、派遣労働に代表される非正規雇用が増え続け、正規社員との格差が拡大する形で名目GDPを2倍にすることは、現在の日本にとってはまず不可能だ。発展途上国ならともかく、すでに成長を遂げ、国民所得の水準が世界の中でも相対的に高い方に位置する我が国が、さらに所得を倍増させようというのだ。格差拡大型ではなく、中間層を分厚くする形で所得を拡大させなければ、経済成長の持続力はすぐに失われてしまう。すなわち、継続的に経済を成長させることができない。

シカゴ学派の経済学者の教祖であるミルトン・フリードマンが提唱した「仮説」の一つ

に、**恒常所得仮説**がある。恒常所得仮説とは、労働者の固定給与など、現在から将来にかけて確実に得られる見込みである恒常所得によって、消費活動が左右されるという仮説だ。

自動車や住宅など、比較的価格が高い財を考えてみれば分かる。自動車や住宅を「ローン」を組んで購入する人は、間違いなく「将来も所得を得られる」見込みに基づき消費活動を決定している。

フリードマンによると、恒常所得に比べ、不定期に得る「可能性がある」変動所得の場合、消費活動への影響は限定的とのことである。

実は、フリードマンの恒常所得仮説は、ケインズの、

「消費者の消費行動は現在所得により決まる」

という考え方に対するカウンターであった。ケインズの仮説が正しい場合、消費を拡大するためには「現在の所得」を増やせばいいことになる。すなわち、政府が有効需要になるように支出をすれば、現在の「誰か」の所得が増え、結果的に民間の消費が拡大し、経済成長が実現できる。

それに対し、フリードマンは、所得を恒常所得と変動所得に分離し、

「現在ではなく、恒常的に得られるであろう所得により、消費は決定される」

と、提唱したわけだ。

現在の日本国民は、長引くデフレにより「現在の所得」が減少している。結果的に、国民は消費を増やさない。

日本国民が消費を拡大しようとしないのは、人口減少、少子化等が理由ではなく、単に現在の所得が小さいためだ。消費を増やしたくても「金がない」というのが、98年以降の日本国民の実情なのである。そして、ある国民が所得不足を理由に消費を縮小すると、別の国民の所得が小さくなってしまうことは、これまでに説明してきた通りだ。

例えば、日本政府が定額給付金等の政策により、国民に所得移転を実施した場合、我が国の消費は増えるだろうか。間違いなく、一時的には増えるだろう。とはいえ、それが継続的な消費拡大に結び付くかどうかと問われれば、「不明である」としか回答のしようがない。一時的に増えた所得を使い切った国民は、さらに自ら稼ぎ出した所得から消費を増やしてくれるだろうか。

結局のところ、民間の消費を中心に経済成長路線を進むためには、フリードマンのいう恒常所得が増える「見込み」がなければならないのだ。すなわち、13年の日本企業の「一時金（ボーナス等）増額」は、民間消費中心の経済成長路線に戻るには力不足だったのである。一時金ではなく、恒常所得である基本給が増え続けてこそ、国民の消費活動は最大化される。

そういう意味で、安倍晋三政権が大手企業に「ベースアップ（基本給の引き上げ）」を要請し、一部企業が応えたことは、好ましい傾向だ。とはいえ、不思議なことに安倍政権は恒常所得の拡大を進めつつ、同時に雇用の流動性強化を実施し、正規雇用よりも非正規雇用を増やす政策「も」採用しようとしている。

恒常所得に着目した場合、非正規雇用、派遣労働の拡大は、国民の消費拡大のボトルネックになることが、容易に推測できる。派遣労働の多くは短期雇用（3年程度の契約）であり、しかも企業の売上が減少した場合、即座に契約を打ち切られる。

雇用が不安定な国民が、消費を安定的に増やすなどということはあり得ない。そもそも、派遣労働では住宅や自動車購入に際してローンを組むことすらできないだろう。

というわけで、我が国が継続的に国民の消費、投資を拡大し、内需中心の所得倍増を目指す場合、必然的に「非正規雇用の正規雇用化」と「恒常所得の拡大」を目指さなければならないのである。

フィリップス曲線

もう一つ。所得倍増計画について「名目ＧＤＰを2倍にすること」と説明すると、

「ということは物価が上昇し、インフレ率が100%になったら、それだけで目標を達成できるではないか！」

などと、突っ込みを受けたりするわけだ。確かに、名目GDPを目標値に定めた以上、実質的な所得の拡大（実質GDPの成長率）とインフレ率との関係について整理しておかねばなるまい。

名目GDPの成長率は、**「実質GDP成長率＋インフレ率（GDPデフレータ）」**で決まる。厳密にいうと、先に「名目GDP」と「GDPデフレータ」の統計を取り、そこから実質GDPの成長率を計算ではじき出すわけだが。

いずれにせよ、実質的な生産が増えていなくても、インフレ率が3％になれば、名目GDPも3％成長する。すなわち、「金額で見た所得」が3％成長したことになる。このとき、国民は実質的に豊かになっているだろうか。

ケース1：名目GDP成長率＝実質GDP成長率（0％）＋インフレ率（3％）＝3％

もちろん、豊かになっていない。ケース1の場合、所得は確かに3％増えているものの、物価も同率（3％）上昇してしまっているのだ。所得の増加分は物価の上昇で相殺され、国民の「豊かさ」は増えない。

それでは、実質的な生産が2％増え、さらに物価が3％上昇したケースではどうなるだろうか。

ケース2：名目GDP成長率＝実質GDP成長率（2％）＋インフレ率（3％）＝5％

ケース2の場合、名目GDPすなわち国民の所得金額が5％拡大し、対する物価の方は3％しか上昇しなかったわけだ。ケース2は、国民が稼ぐ所得自体が増大し、かつ所得で購入できる財やサービスが増えているわけであり、実質的にも名目（金額）的にも「国民が豊かになる」を達成していることになる。

マクロ的に見る限り、「国民が豊かになる」ためには、**「名目GDP成長率＞実質GDP成長率＞0」**の関係を維持しつつ、GDPを拡大させる必要があるのだ。すなわち、適度なインフレ率は「国民が豊かになる」を達成するための必須条件ということになる。

現実の日本では、デフレが深刻化した1998年以降は、多くの年において、**「金額で見た所得（名目GDP）が縮小し、さらに所得で買える財やサービスが減少する」**

状況が発生していた。日本国民は次第に貧しくなっていったのである。インフレ率がマイナスで推移し、実質GDPが減少し、それ以上に名目GDPが次第に小さくなっていったのだ。

政府の目的が「経世済民」、すなわち「国民を豊かにする政治」である以上、98年以降の日本政府は明らかに「落第」だ。インフレ率が適正水準を超えて上昇していない限り、政府のマクロ経済的な目的は、

「実質GDPを成長させ、それ以上のペースで名目GDPを成長させる」

ことに主眼が置かれるべきという話である。すなわち、実質GDPの成長率「プラス」適切なインフレ率が必要なのだ。

それでは、我が国の国民経済が所得倍増を成し遂げる上で、適切なインフレ率は何%なのだろうか。最低でも、GDPデフレーターベースで2%である。根拠は、我が国の**フィリップス曲線**にある。

フィリップス曲線とは、インフレ率と失業率の関係を示し、両者がトレードオフの関係にあることを表現したものである。すなわち、インフレ率が高い時期は失業率が低下し、逆に、インフレ率が低迷すると（あるいはデフレ化すると）失業率が上昇する。

本来のフィリップス曲線は、縦軸（Y軸）にインフレ率を、横軸（X軸）に失業率を置

くのだが、筆者は逆にしている（失業率の低下を分かりやすく示すため）。

次ページ図2－1が、1980年から2010年までの日本の失業率と、インフレ率（GDPデフレータ）の組み合わせをマッピングしたものだ。一目瞭然だと思うが、我が国のフィリップス曲線はかなり「きれいな形」をしている。正直、ここまで美しいフィリップス曲線が描ける国は珍しい。

図2－1の通り、我が国の失業率はインフレ率がマイナス（すなわちデフレ）になると上昇する。インフレ率が上昇すると、失業率が次第に下がってくる。そして、インフレ率2％の時点で、失業率「も」**2％**に接近する。

インフレ率がプラス化すると、企業は同じ製品を同じ数販売するだけで、売上が増える。さらに、銀行からお金を借り入れた際に、インフレ下では通貨価値の下落（＝物価の上昇）により、借金の実質的な価値が次第に下がっていく。加えて、通貨価値は外貨に対しても下がるため、日本の場合は円安になる。

売上が増大しやすく、借入金の返済負担が何もしなくても小さくなり（金利は別だが）、さらに円安になるわけだ。当然、日本企業はインフレ率が上がれば借り入れと設備投資を増やし、結果的に雇用が創出される。

大変興味深いことに、インフレ率が5％超（ちなみに、1980年）という高い水準に

【図2-1　日本のフィリップス曲線(1980年-2010年)】

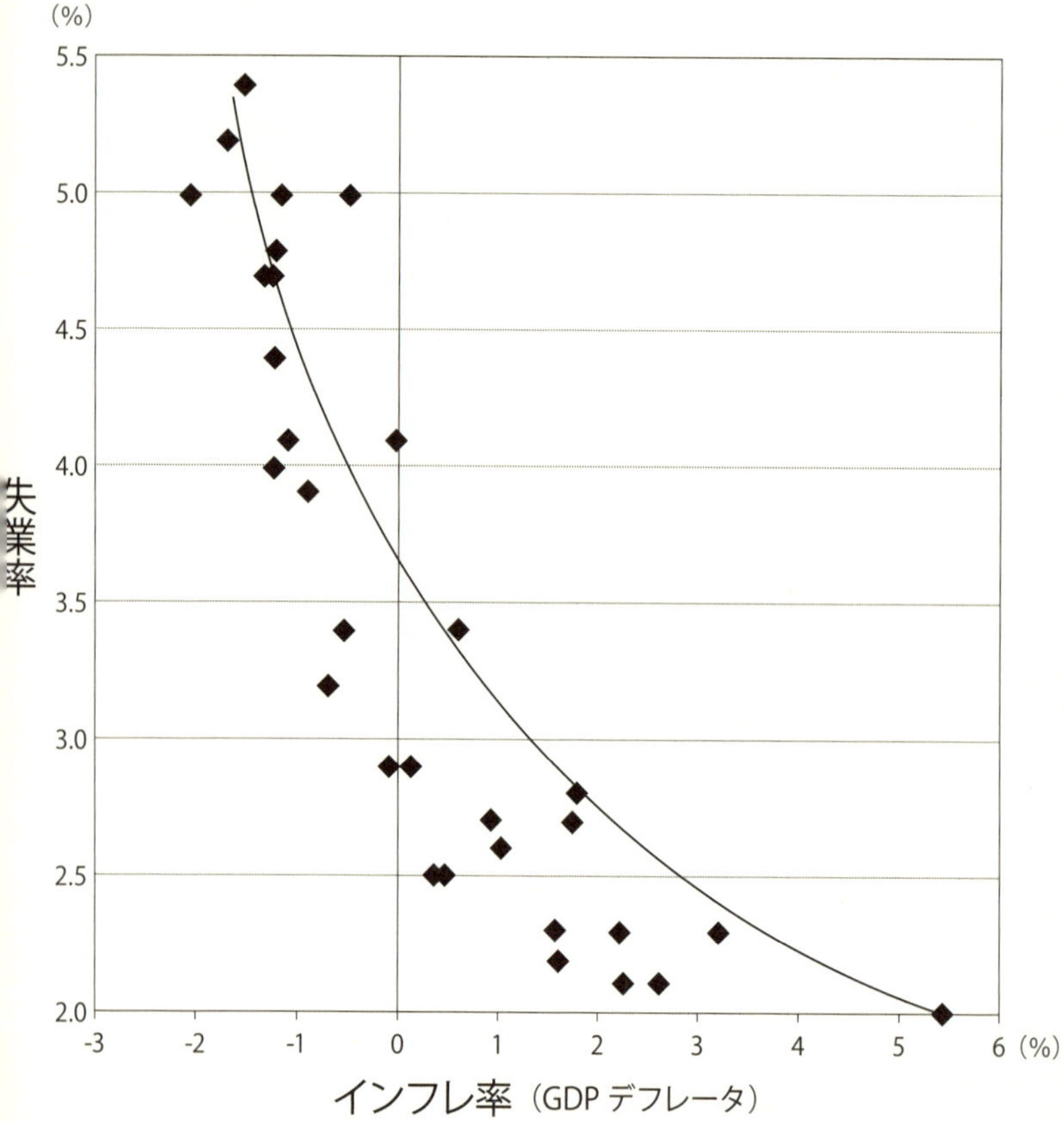

出典：世界銀行

上昇しても、失業率は２％を切らない。図２－１は１９８０年から２０１０年までのデータを用いて作成したものだが、バブル期（85年－91年）であっても、我が国の失業率は２％を切らなかったのである。すなわち、我が国にとって失業率２％は**「完全雇用」**を意味する可能性が濃厚なのだ。

日本にとっての「理想的なインフレ率」は、完全雇用が達成される２％（但し、ＧＤＰデフレータベース）である。もっとも、日本のデフレが長期化したことで、企業経営者がアニマル・スピリットを失っている。彼らのアニマル・スピリットを呼びさます上でも、筆者はＧＤＰベースのインフレ率３％が必要と考える。完全雇用状態で、さらに名目値で市場が拡大する状態になれば、企業の投資意欲が喚起され、実質ＧＤＰ４％の成長は、達成可能な「現実的目標」となる。

ちなみに、安倍政権は２％のインフレ目標を掲げてはいるものの、あれは**「コアＣＰＩベース」**のインフレ率であり、ＧＤＰデフレータベースではない。コアＣＰＩとは、生鮮食料品を除いた消費者物価指数のことだ。

消費者物価指数でフィリップス曲線を作成すると、図２－１ほど美しい曲線にはならない。特に、コアＣＰＩの場合は物価指数に「エネルギー価格」が含まれてしまっている。そのため、外国から輸入する原油やＬＮＧ（液化天然ガス）などのエネルギー資源価格が

上昇すると、

「失業率が十分改善しない中、物価のみが上昇する」

ケースが起こり得るわけだ（消費税増税の影響もあり、2014年4月以降、実際に起きている）。

というわけで、安倍政権がインフレ目標を設定するのであれば、数値目標を2％にするのはともかく、指数はコアCPIではなくGDPデフレータを使うべきなのだ。

最強の成長戦略

安倍政権の経済政策は、デフレ脱却を目指していることは理解できるのだが、いろいろと突っ込みたい部分が少なくない。特に奇妙なのは、アベノミクス第三の矢「成長戦略」である。

そもそも、筆者は政府が成長戦略を策定し、

「この産業分野を成長させる」

などとやることに疑問を覚える。成長する産業分野を事前に特定できるのであれば、これほど楽な話はない。

現実の成長分野とは、適切なインフレ下において民間がリスクを取り、様々な分野に自

由に投資を行い、後から結果的に「この分野が成長分野だった」ことが分かるというものなのはずなのである。事前に成長する分野が判明しているならば、この世に投資に失敗する企業など存在しないことになってしまう。

さらに言えば、成長分野には一つ、絶対に満たされていなければならない条件がある。それは、需要が拡大していることだ。

需要が拡大している分野に、民間企業が投資をし、供給能力を高めることによって、はじめて所得拡大という「成長の果実」を得られる。需要縮小分野に政府の肝煎りで投資をしたところで、失敗することは目に見えている。

安倍政権の成長戦略における「成長分野」には、農業や電力など、どう考えても今後の我が国で爆発的な需要拡大が起きそうもない分野が含まれている。今後、日本の人口が劇的に増加することは（少なくとも）当面はないだろう。それにもかかわらず、農業や電力という「成熟産業」で成長を目指そうというのだから、センスがないとしか言いようがないのである。

では、日本政府は「成長戦略」を構築する必要がないのだろうか。そんなことはない。何しろ、我が国には今後の需要拡大が確実で、しかも政府が関与することで企業の投資拡大も見込める巨大な「成長分野」が存在しているのである。

それは、**安全保障**だ。

安全保障と聞くと、日本国民は**「軍事的安全保障」**を真っ先に頭に思い浮かべることだろう。だが、安全保障とは何も軍事面に限った話ではない。

国民の生存のための食糧を確保する**「食糧安全保障」**。国民が適切な価格で、高品質な医療を受け続けることを可能とする**「医療安全保障」**。国民の電力需要に対し、適切な価格で安定的に電気を供給するための**「エネルギー安全保障」**。さらに言えば、次なる大規模自然災害やインフラの老朽化から国民の生命や財産を守るための安全保障などなど、安全保障の分野は多岐にわたっている。

とはいえ、もちろん我が国の領土領海領空を外敵から守る「軍事的安全保障」も、極めて重要だ。「経世済民」を考えたとき、軍事的安全保障こそが全ての「基盤」になると言い換えても構わない。

現在の日本にとって、軍事的安全保障を強化することは、国民の生活やビジネスを支える上で大変価値がある話になる。そして、我が国の政府が安全保障を成長戦略の目玉に据え、率先して支出（防衛費など）を拡大し、民間企業の投資を誘引することで、念願のデフレ脱却や経済成長にも一歩、近づくことになる。

ある意味で「最強の成長戦略」と言える安全保障の強化こそが、安倍政権が掲げるべき

「第三の矢」なのである。

どうも日本国民は、防衛費や公務員費用、医療費、教育費、介護費用等について「誤解」をしているようだ。すなわち**「政府の消費」**について**「無駄」**と勝手に決めつける傾向が強いのである。

だが、政府の消費すなわちGDP上の「政府最終消費支出」の実際の消費者は、日本国民なのである。例えば、自衛隊が「防衛サービス」を供給し、日本国民が消費し、政府が国民の代わりに費用を払っている。

医療や教育、介護はさらに分かりやすい。国民が病院で医療サービスを、学校で教育サービスを（義務教育のこと）、さらに介護施設で介護サービスを消費し、費用の一部を政府が支払っているのである。

次ページ図2－2が、日本政府の最終消費支出の内訳になる。

「一般公共サービス」とは、いわゆる行政。「防衛」はもちろん自衛隊の維持経費。「公共の秩序・安全」は警察や消防など。「保健」が、我々が病院で医療サービスを受けた際の、医療費の政府負担分。「教育」は義務教育。「社会保護」で最も大きい支出が「老齢」すなわち介護費用の政府負担分になる。

【図2-2　日本の政府最終消費支出の内訳】

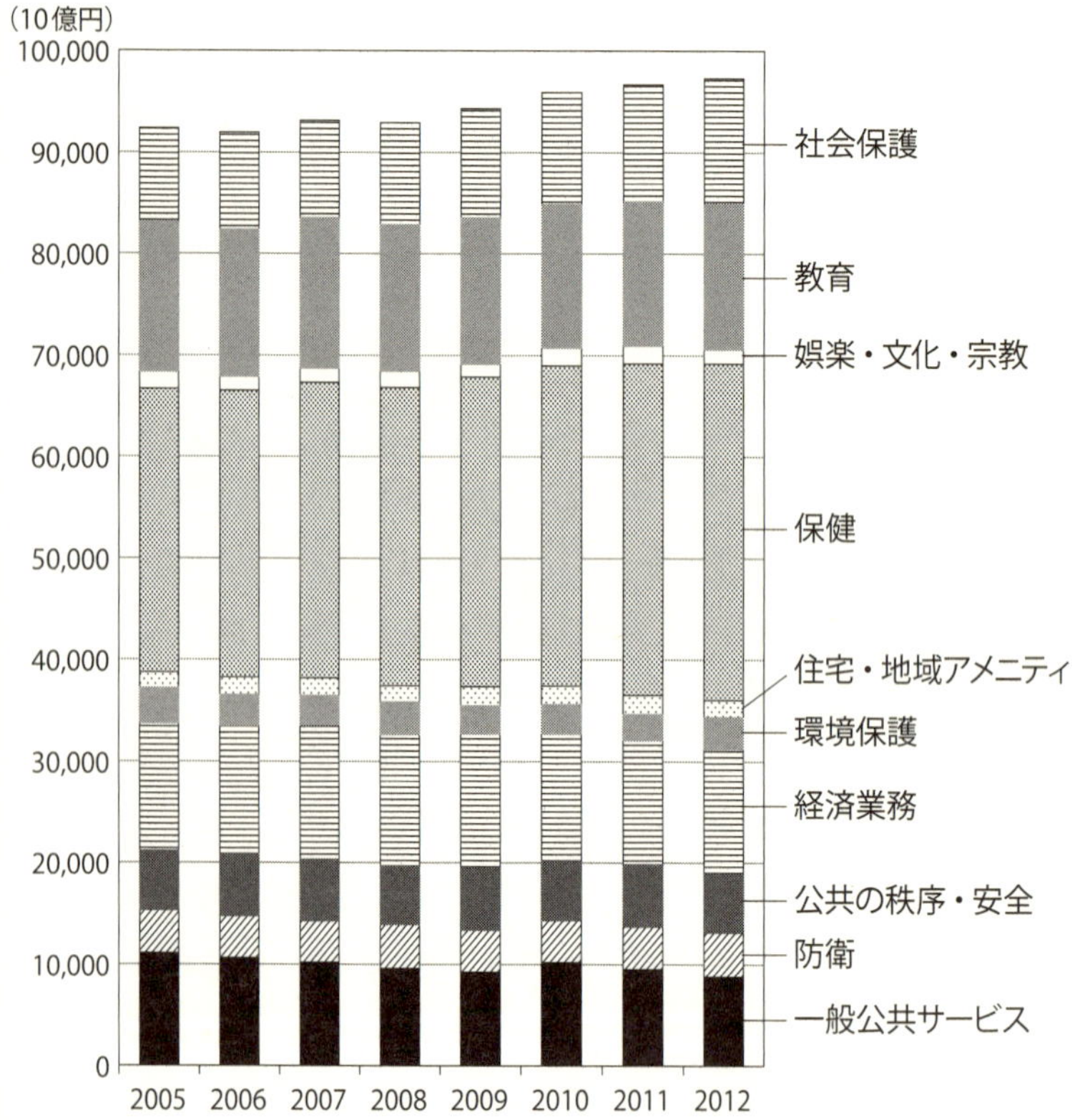

出典：内閣府「国民経済計算」

昨今の政府消費の推移をみると、「保健」と「社会保護」のみ、一貫して増え続けているのが分かる。すなわち、超高齢社会が到来し、医療費や介護費の政府負担分支出が増えているわけだ。

当たり前だが、医療サービスや介護サービスを「消費」しているのは、実際には政府ではなく国民だ。また、行政、防衛、警察、消防といった**「政府サービス」**も、その**消費者は一般の日本国民**なのである。

日本国民は政府支出の中身も見ずに、「政府は無駄遣いをするな！」などと批判するわけだが、実際にサービスを消費しているのが「自分たち」であることを理解した方がいい。政府最終消費支出を「無駄」とばかりに一気に削減するのは、単に自分たち国民の消費に対する費用負担が増えるだけの話だ。あるいは、防衛、警察、消防といった支出を削減すると、安全保障が揺らぎ、治安が悪化し、火災発生時の対応ができなくなるなど、損をすることになるのは間違いなく日本国民自身なのである。

さて、防衛費を含む政府最終消費支出は、ＧＤＰの需要項目の一部である（しかも、ＧＤＰ全体の５分の１を占める）。当然ながら、政府が消費支出を拡大すれば、ＧＤＰが成長する。すなわち、国民の「所得」が確実に増えるのだ。

ＧＤＰや所得について正しい理解をしていないと、

「防衛費という軍事支出は国民経済に負の影響しか与えない。削減するべき」

といった、意味不明、論拠不明な言説が蔓延《はびこ》る。実際、戦後の日本においては、軍事支出について「国民を貧乏にする」といった論調で批判するケースが、少なくなかったのである。

たとえば、1960年に発刊された『世界』の2月号には、以下の記事が掲載されていた。

「一般的にいって、軍需品は不生産的な生産物である。食料品や衣料品はわれわれの生活を支え、労働のエネルギーを生み出してくれる。機械や石油は工場で使えば、物を生産する。ところがジェット戦闘機は飛ばせば燃料を消費するだけであり、大砲は使えば砲弾が消費されるだけである。それらは何も作り出しはしない。だから国民経済のなかで軍需品を作り、これを消費すればするだけ、国民経済の成長には役に立たない浪費をすることになるわけである。こういう浪費の額が大きければ大きい程、国民は貧乏する」(『世界』1960年2月号「ふたたび安保改定について―第2回研究報告」)

軍需品について「不生産的な生産物」と断じているわけだが、そもそも筆者には「不生産的」の定義がよく分からない。何しろ、燃料を消費するジェット戦闘機は、我々日本国民に「安全保障」というサービスを提供しているのだ。安全保障が確立していない国家において、国民が平和に、安全に、快適に暮らし、安心してビジネスを展開できるなどということは、現実にはあり得ない。

さらに、ジェット戦闘機のパイロットや整備員などの自衛官には、「政府最終消費支出」として給与が支払われ、彼らの所得が生み出される。所得を稼いだ自衛官が、自らの消費や投資のためにお金を使えば、別の国民の所得が生み出される。

『世界』の語り口を借りるならば、

「われわれの生活を支え、労働のエネルギーを生み出す」のは、別に食料品や衣料品、機械や石油、工場といった「形あるモノ」に限った話ではないのだ。自衛官が提供する「安全保障サービス」もまた、立派に日本国民の生活を支え、労働のエネルギー（これも定義不明な言葉だが）を生み出しているのである。モノにしても、サービスにしても、それらを消費した「消費者」は便益を受けているわけであり、どちらが上で、どちらが下といった話にはならない。

警察や消防が提供する「警察サービス」や「消防サービス」について、

「浪費である。不要だ」

などと主張する人は、まず存在しない。ところが不思議なことに、なぜか自衛官が提供する「安全保障サービス」に対する支出、すなわち防衛費については、「浪費だ！」と目くじら立てて批判する人が少なくないのである。

一応、書いておくが、防衛費や軍需品をむやみやたらと拡大すると、国民経済に負の影響を与える時期は、確かに存在する。すなわち、国内の需要が供給能力を大幅に上回っている高インフレ期だ。

インフレ率が高いということは、国民の需要を自国の供給能力では満たしきれていないという話になる。「その時点の供給能力」は有限であるため、需要が膨れ上がっている時期に、さらに軍事支出を増やそうとすると、インフレ率がますます上昇してしまう。供給能力という「リソース（モノ、ヒト、カネのこと）」の投入が軍需面に偏ると、民生品の生産や民間サービスの供給が縮小する。結果的に、国民は「欲しいものが手に入らない」「欲しいサービスが買えない」という事態に至るわけだ。

要するに、大東亜戦争末期の日本国の状況であるが、『世界』の論者の頭の中は、戦争終結から15年が経過しようとしていたにもかかわらず、未だに戦中もしくは終戦直後のインフレ期のままだったのだろう。いずれにせよ、「不生産的な生産物」といった定義不明な用語を使い、印象操作を図ろうとする姿勢は頂けない。

現実には、政府が軍事支出を増やせば、否応なしにＧＤＰは成長する。すなわち、国民の所得が増えるのだ。理由は、繰り返しになるが、現在の日本の場合は「防衛費」が政府最終消費支出の需要項目であり、政府最終消費支出はＧＤＰの一部であるためである。

現在の日本は、東シナ海の向こうに中華人民共和国という仮想敵国を抱えている。しかも、中国は民主主義国家ではなく、共産党独裁国家である。

民主主義国家の場合、政治家は国民の投票によって選ばれる。そして、軍隊の兵士もまた有権者であり、さらに有権者である家族がいるケースがほとんどだ。戦争とは、民主主義国家の政治家にとって、

「有権者本人、さらには別の有権者の家族を死地に送らなければならない」

という話になるため、一定の自制が働かざるを得ない。「無意味な戦争」で自身や家族を戦場に送られた有権者は、決断をした政治家への反発を強める可能性が高いわけである。

ところが、中国の場合は民主主義国家ではない。しかも、中国人民解放軍は「中国国民の軍隊」ですらない。人民解放軍は中国人民ではなく、「中国共産党」を守るために存在している、党の軍隊なのである。一般の中国人民は有権者ではないため、選挙という民主主義プロセスを通じて戦争を主体的に防ぐことはできない。一部の人民がデモ等で戦争を

防ごうとしても、中国共産党が各種の暴力装置で容赦なく叩き潰すだけの話である。というよりも、そもそも中国人民解放軍自体が、外国のみならず「自国の人民」に対する暴力装置として存在しているのだ。

民主主義国の「常識」が通用しない中国が仮想敵国である以上、我が国は必然的に防衛費を拡大し、軍事的安全保障を強化しなければならない。ところが、現実の日本は、中国が毎年二桁%のペースで軍事支出を拡大する反対側で、

「防衛費はGDPの1%以内」

という、意味不明な制限の下、防衛支出を抑制することを続けてきた。

防衛費1%枠

図2-3の通り、我が国の防衛費（当初予算ベース）は、中国が毎年10%以上の軍拡を継続している最中においてさえ、「着実に」削られていった。しかも、防衛費は「常に」対GDP比1%未満で推移している。誤解している人が多いが、日本の防衛費を対GNP比（GDPではない）1%以下に抑制する**「防衛費1%枠」**は、1976年11月に三木武夫内閣により閣議決定されたが、その後、中曽根康弘内閣が1987年度予算で撤廃を決断したはずなのだ。

【図2-3 日本の防衛関係費と対GDP比の推移】

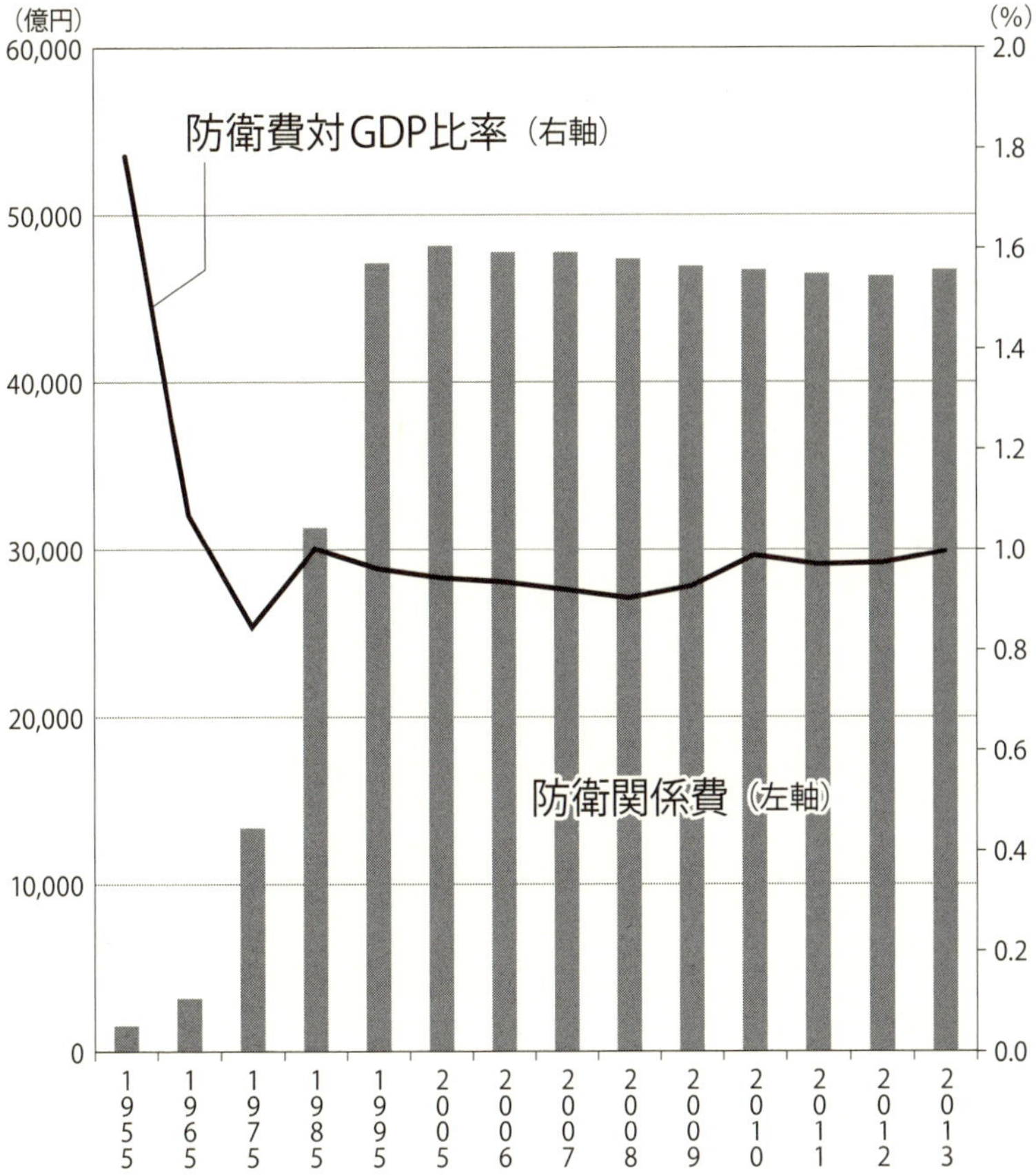

出典：防衛省『平成25年（2013年）版 防衛白書』

現時点では、別に防衛費を国民総生産（GNP）や国内総生産（GDP）の動きに合わせる必要はないのだが、現実には「1%枠」がしっかりと守られている。しかも、GNPではなく対GDP比1%が維持されているわけである。日本のGNP（現在のGNI=国民総所得）はGDPよりも大きいため、「対GDP比1%」では、実質的に防衛費が「抑制された」という話になってしまう。

また、我が国は橋本龍太郎内閣の緊縮財政以降、本格的なデフレに突っ込み、名目GDPが成長しなくなってしまった。対GDP比1%枠を律儀に守り続けると、必然的に「防衛費を増やせない」状況になってしまうのだ。

恐らく、対GDP比で1%を超えると、朝日新聞などの左翼マスコミが鬼の首を取ったかのごとく、

「1%枠突破！　防衛費増大に歯止めが利かなくなる！　いつか来た道。軍靴の音が聞こえてきた」

などとヒステリックに騒ぎ立てることが目に見えているため、政府側が「遠慮」していると思われる。

不思議なのだが、本来、防衛費とは「GDP×何%」などと、杓子定規に予算を決めてはならないものであるはずだ。すなわち、安全保障上の脅威が高まっているならば、防衛

費は否応なしに増やさなければならないし、逆に、安全保障上の脅威が去ったならば、防衛費を減らすべきだ。

ところが、我が国は律儀に防衛費対GDP比１％未満を守り続けており、そこに、

「日本の安全保障上、この規模の防衛費で十分なのか、否か」

といった、シビアかつ実践主義的な発想を観測することができない。辛うじて、第二次安倍晋三内閣発足以降は、中国の脅威に対抗し、東シナ海の警戒監視活動や離島防衛能力を強化することなどを目的に、防衛費は２年連続の増加となった。２０１４年度の防衛費は、対前年度比２・８％増と、総計で４兆８８４８億円に増額される予定になっている。

いずれにせよ、中国が毎年10％超の軍拡を続けているにもかかわらず、我が国の防衛費はわずか２・８％の増額に過ぎないわけだ。しかも、高々２・８％の防衛費増額で、恐らく左翼系のマスコミは鬼の首を取ったかのごとく大々的に批判を展開するだろう。

ところで、防衛費の話をすると、いわゆる「軍事評論家」の方々は、

「中国が軍拡している以上、日本は防衛費を拡大しなければならない」

と主張し、筆者が「うん、うん」と頷《うなず》いたところで、必ず、

「だが、財政問題があるためできない」

と結んで、話を終わらせてしまう。

現実は、まるで逆で、

「日本は財政問題があるため、防衛費を拡大できない」

のではなく、

「日本は防衛費を拡大しないため、財政問題が解決しない」

が正しいのだ。何しろ、我が国の財政が悪化しているのは、政府が支出を増やしているためではない。税収が増えないためなのだ。

ありもしない財政危機が喧伝《けんでん》され、政府が支出を増やさず、第1章の図1－1（P47）の「デフレギャップ」がいつまでたっても埋まらず、デフレが継続している。デフレが深刻化すると、国民の「所得」の合計である名目GDPが増えない。名目GDPが増えないと、税収は増えない。何しろ、国民は所得から税金を支払っているのである。名目GDPと政府の租税収入は、ほぼ一致した動きをする。

政府が支出を絞り込み、デフレギャップが縮小しない状況では、デフレは終わらず、名目GDPは成長しようがない。すなわち、政府の税収も増えず、財政赤字の拡大が続く。

逆に、政府が「現在の日本にとって必要な防衛費拡大」に踏み切り、デフレギャップが縮小すると、デフレからの脱却が近づく。日本経済がデフレから脱却しさえすれば、名目GDPと合わせて政府の租税収入が増えていき、財政赤字は縮小する。

デフレの悪影響

要するに、日本の財政赤字拡大の「主因」はデフレなのだ。そして、防衛費だろうが公共投資だろうが、政府が **「雇用（＝所得）」** を創出するようにお金を使えば、デフレギャップは必ず埋まる。マクロ経済の基本さえ理解していれば、誰でもこの「正解」にたどり着くことが可能なはずなのだ。

政府の所得創出に「色」はない。少なくとも、未だに物価上昇率が低迷している以上、政府は国民の所得を増やすために消費（ＧＤＰ上の政府最終消費支出）もしくは投資（同公的固定資本形成）に該当するのであれば、何にお金を使っても構わない。

とはいえ、もちろん「より有益なお金の使い方」というものはあるわけで、目下の日本にとって望まれる政府支出の拡大は、軍事を含めた安全保障分野になる。現在の日本において、「国家の安全保障のため」に防衛費を拡大することに反対する国民が、果たして一人でもいるのだろうか（実際には、大勢いそうな気もするが）。

また、現在の日本の造船業は、長引くデフレと世界的な造船不況の影響で、疲労困憊《こんぱい》の状況にある。さらに、グローバル市場で中国や韓国などの新興経済諸国との競争が激しくなってきており、日本の造船産業はまさに青息吐息の有様だ。

お分かりだろうが、日本の海上自衛隊や海上保安庁の艦船は、「民間企業」である日本の造船企業により整備されている。このまま日本の造船産業の苦境を放置しておくと、いずれ我が国は、

「自国の領海を守る艦船すら、自国で整備することができない」

国へと、落ちぶれてしまうことになるだろう。

日本の造船産業の苦境について、

「それは、グローバル市場で中国や韓国との競争に敗れた日本の造船企業の自己責任」

などと切り捨ててしまって、本当に構わないのか。日本の造船技術が衰退すると、やがては海上自衛隊、海上保安庁の艦船の建造や整備ができなくなってしまう。結果的に、我が国の安全保障が揺らぎ、東シナ海の向こう側で仮想敵国がほくそ笑むことになるわけだ。

というわけで、現在の日本にとって、政府が防衛支出を拡大することは、国内の防衛産業を維持するためにも、絶対に必要なのである。

実のところ、民生品と軍需品とでは、使われる技術に大きな差があるわけではない。民生品と軍需品との間のスピンオン、スピンオフは、頻繁に行われている。

例えば、インターネットは、元々はアメリカ国防総省の高等研究計画局（ARPA）の

パケット交換技術を用いたネットワーク、通称ＡＲＰＡネットが始まりだ。

第二次大戦中に爆発的な進化を遂げたレーダーの技術は、現在は気象レーダーや、読者のキッチンの「電子レンジ」にも使われている。また、暗号解読を目的に、やはり第二次大戦中に進化したコンピュータは、現在はコンシューマーゲーム機やパソコンへと進化を遂げた。

ＧＰＳ（全地球測位システム）の進化は、湾岸戦争やイラク戦争を抜きに語れない。音波を用いて水中の船舶を捜索、探知するソナーの技術から、魚群探知機が生まれた。ソニーのプレイステーション2の画像処理技術は、軍用に転用可能であり、海外へ持ち出すと「武器輸出」に該当すると言われた時期があった。民生技術として発展した液晶は、現在は戦闘機のフラットパネルディスプレイに使用されている。戦車や火砲の砲身製造技術は、原子炉の部材へと応用されている。戦闘機のチタンボルト成型加工技術は、骨折治療の補強用ボルトに使われている。民生品として発展した耐熱材料は、逆に戦闘機のエンジン部分に活用されている。

結局のところ、軍事技術と民生品の技術の区別はつけられないというのが現実なのだ。政府の防衛産業への技術投資は、新たな民生品を生み出し、我々一般の国民の生活を豊かにしてくれるかもしれない。あるいは、民間の技術進歩が、安全保障を新たな段階にステップアップさせるケースもありうる。

民生品として発達した産業用無人機は、軍の無人偵察機と技術的には何の変わりもない。何しろ、産業用無人機と軍用無人偵察機には、同じ自律飛行制御技術が使われているのである。

安倍政権は防衛費を拡大することで、

「政府支出拡大により、国民の所得を増やす」

「デフレ脱却を果たし、税収を増やすことで財政を健全化する」

「造船業に代表される、防衛産業の供給能力を高める」

「民生品産業との間の技術のスピンオン、スピンオフにより、日本の技術力を高める」

などを、同時に達成できることになるわけだ。

何を躊躇《ちゅうちょ》する必要があろうか、という話なのである。

第3章

公共事業、公共投資でインフラ整備を！

——日本は世界屈指の自然災害大国である

建設の「発想」

さて、前章で書いた通り、安全保障とは「軍事面」に限ったものではない。例えば、

「国民を大規模自然災害から守る」

「老朽化インフラから国民を守る」

なども、立派な安全保障の一部である。

そもそも、安全保障とは「経世済民」の重要要素なのだ。外国から領土を脅かされ続ける国はもちろん、自然災害が発生するたびに人々が生命や財産を失うようであっても、国民は落ち着いて生活やビジネスにいそしむことはできない。

我が国は、歴史的に「外国からの侵略」という脅威に晒されることは少なかった。何しろ、日本は島国だ。我が国が外国の侵略を許したことは、大東亜戦争末期と元寇《げんこう》という例外を除くと、ほとんどなかった。

歴史的に、日本国民はモノを生産し、サービスを供給するための技術、文化、伝統、ノウハウを着実に蓄積することができた。世界の歴史を知れば、これがいかに稀有《けう》な史実であるかが理解できる。

例えば、中国や欧州の都市は、その多くが分厚い城壁に囲まれている。遠い地平線の彼

方から、いつなんどき騎馬による膨大な外敵が襲来するか、誰にも分からない。ユーラシアのほとんどの国々にとって、「他民族あるいは同胞が攻め寄せ、自分たちを皆殺しにする」ことは、繰り返される歴史の一部だったのである。

それに対し、日本は「城下町」という言葉がある通り、城を囲むように市街地が発展した。街と「外」との境界は、それほど明確ではない。城や街の造り一つとっても、日本と大陸諸国は建設の「発想」が全く違うのだ。

欧州や中国などの大陸諸国においては、異民族など「外敵の襲来」は、普通にあり得ることで、街の住民は協力して「敵」に対抗しなければならなかった。結果、街を城壁で囲むとともに、住民たちはそれぞれが「兵士」としての役割も担い、外敵と戦う必要があった。

結果、大陸諸国の経済人は、資本を蓄積するより「金銀宝石」として財産を確保することを好むようになる。工場の設備や店舗など、設備投資の成果は「持って」逃げるわけにはいかない。だが、金や宝石ならば、いざという時には懐に隠して逃亡してしまえばいい。大陸諸国の人々が金を好む傾向は現在も続いており、これはジブラルタルから朝鮮半島まで共通した特徴だ。

それに対し、日本の場合、長い長い歴史において、基本的には「異民族」に備える必要がなかった。だからこそ、日本列島に住み続けた我々の先祖は、国内で落ち着いて「設備投資」を蓄積することができたのである。

読者は世界最古の「会社」をご存じだろうか。実は、世界最古の会社は、日本の建築会社「金剛組」である。金剛組が創立されたのは、何と西暦578年のことだ。聖徳太子の命を受け、朝鮮半島の百済《くだら》から3人の工匠が日本に招かれたのが始まりと伝えられる。工匠の一人、金剛重光（金剛組初代）が日本初の官寺である四天王寺の建立に携わり、そのまま日本に留まったのだ。

日本には100年以上も継続する「老舗《しにせ》企業」が、何と2万2219社も存在する。そのうち39社は、500年を超える歴史を誇る。何しろ、世界の創業200年以上の企業のうち、過半数（56％）が我が国にあるわけだから、半端ない。

さらに、奈良の東大寺正倉院には、7世紀、8世紀の日本の文物はもちろんのこと、中国（当時は唐）やペルシャから渡ってきた宝物《ほうもつ》が収められている。正倉院は「シルクロードの東の終点」でもあるのだ。ペルシャや支那《しな》の王朝が異民族に滅ぼされ、現地では失われてしまった多くの宝物が、我が国には往時のまま残っている。

日本は、比較的安全な日本列島から外国と交流しつつ、2000年を超える期間、国内に歴史、文化、伝統、技術等を蓄積してきたのである。投資の蓄積ということを考えたとき、これほどまでに「好条件」に恵まれた国は、世界に我が国しかない。

また、２０１３年10月には、伊勢神宮で式年遷宮が行われた。式年遷宮とは、社殿を建て替え、装束や神宝、橋などを新調し、神さま（天照大御神《あまてらすおおみかみ》）にお遷《うつ》り頂く祭儀だが、読者はこの遷宮での伊勢神宮の建築手法をご存じだろうか。信じられないだろうが、伊勢の各お宮は「唯一神明造《ゆいいつしんめいづくり》」という、弥生時代を起源とする建築方式で建てられる。聖徳太子よりも前の建築方式で、お宮を建設するのだ。

なぜ、１５００年以上も昔の建築方式が、現在の日本で「現役」なのだろうか。当たり前だが、20年ごとに式年遷宮を繰り返してきたためである。

一人の宮大工は、生涯に2回、式年遷宮を経験するといわれている。一度目は、先輩の大工から「教わり」、二度目は後輩に「教える」のである。一時の中断を除き、式年遷宮が連綿と続けられてきたからこそ、弥生時代の建築方式が「現役」などという、物凄い状況になっているわけである。

２０００年近くもの長きにわたり、技術が伝承されている。驚くべき「現実」としか言いようがないが、伊勢神宮が１３００年以上もの期間、伝統を守り続けることができたのは、蓄積した技術を守り、後代に伝えようという意志があったためである。

少なくとも、歴史的に見る限り、日本は投資を蓄積し、技術を引き継ぎ、伝承するための基盤が「世界で最も充実」していた国なのである。国民経済の成長のためには、「自由化」「規制緩和」とやらではなく、国内における継続した設備投資と、次世代への継承が必須だ。そういう意味で、日本は国土的に「有利」な立場にあったわけである。

日本の自然災害

ところで、歴史といえば、日本において経済的蓄積を破壊するのは「外国」ではなく「大規模自然災害」だった。自然災害は、侵略者を上回る被害をもたらすケースが多々あるが、堤防を造り、河川を改修し、山林を整備するなどの建設工事を行えば、ある程度は被害を軽減することが可能だ。だからこそ、日本は歴史的に土木・建設産業が盛んであり、戦後の奇跡的な復興を実現することができたのである。

ほとんどの日本国民は知らないだろうが、「土木」とは築土構木、すなわち、

「土を築き木を構へて、以て室屋と為す」（「淮南子」より）

という意味なのである。あらゆる人間は、築土構木により整備された各種のインフラストラクチャー（社会基盤）、あるいは建造物の上で暮らしている。土木・建築とは、ある意味で「経世済民」の基盤中の基盤なのである。

日本の為政者は、歴史的に築土構木を重視していた。住民の支持を得るためには、当た

り前の話として「政治」が土木事業で「生活、生業のための基盤」を整備しないわけにはいかない。江戸時代には、お城の土台造りのために働く「技術者」を土方《つちかた》と呼び、非常に重宝していた。

大規模自然災害が頻発する日本列島において、築土構木の思想を忘れてしまうと、国民は生き延びることができない。日本国の国土面積は、世界のわずかに0・25％に過ぎない。日本列島の面積は、世界の地表面積の1％にも達していないのだ。

それにもかかわらず、世界で発生するマグニチュード6以上の大地震の2割は、この地で起こる。理由は、日本列島が「ユーラシアプレート」「北米プレート」「太平洋プレート」そして「フィリピン海プレート」という、四つの大陸プレートが交差する真上に位置しているためだ。そのため、我々の祖先は常に「震災」と向き合いながら、生きていくことを余儀なくされてきたのである。

また、日本列島は台風の通り道に位置している。さらに、国土が細長く、中央部には標高3000メートル級の脊梁《せきりょう》山脈がそびえている。そのため、川の上流から河口までの距離が極めて短い。大陸諸国では、川は長大な距離をゆったりと流れ、海へと注ぎ込む。それに対し、我が国の河川は、まるで滝のように山頂から流れ落ちてくる。結果的に、台風や大雨が来襲すると、川の上流から河口までがすっぽりと豪雨域に入ってしまい、水害や土砂災害が多発する。

震災や水害、土砂災害に限らない。我が国では豪雪地帯に存在する大都市が複数あり、ときには火山も噴火する。台風や震災に限らず、強風により交通機関がストップしてしまう事態にも頻繁に直面する。

地形的な問題

2014年2月中旬、中部地方から関東地方にかけ、大規模豪雪が発生し、死者を含む大きな被害が出た。最も甚大な被害を被った山梨県は、除雪が進まず、大勢の人々が数日間「陸の孤島」状態に置かれた。東京にしても、当日は大雪で交通が寸断され、流通が止まった結果、スーパー、コンビニから商品が消えた。豪雪を甘く見てはいけない。

加えて、日本には地形的な問題もある。日本の大都市のほとんどは、軟弱地盤の上に位置しているのだ。大陸の諸都市のように、固い岩盤の上に大都市が築かれているわけではない。しかも、日本の大都市の「全て」は、河川の氾濫区域に存在しているのだ。

さらに言えば、日本国は海峡により国土が大きく四つに分断されている上、多数の島嶼《とうしょ》部により成り立っている。海峡による分断のみならず、日本列島は本州も北海道も、四国も九州も、空恐ろしくなるほどの数の河川により、細かく分割されてしまっているのである。一級水系だけで109、二級水系となると2714もあるのだ。

日本国は世界屈指の自然災害大国である。これはもはや、「国土的条件」として受け入れなければならない現実だ。日本ほど自然災害が「集中的」に発生する国家は、他に例を見ない。自然災害以前に、国土のインフラ整備を怠ると、そもそも「川の向こう」「山の向こう」との連絡が途絶えてしまう、極めて「管理」が難しい国家なのだ。

大変残念なことに、日本列島は築土構木の思想を忘れ、土木・建設産業を軽視し、

「公共事業は無駄だ！」「公共事業は土建屋を儲けさせるだけだ！」

などと浮世離れした印象論を語っていられるほど、甘い国土ではないのだ。そんなことは、2011年3月11日を経験した国民であれば、誰でも理解できるはずである。何しろ、次なる大規模自然災害の際に地元に土建業者が存在しない場合、地域住民は助からない。自然災害発生時に真っ先に現場に入り、復旧活動にいそしむのは、警察でも消防でも自衛隊でもなく、地元の土建業者である。

インフラストラクチャーの老朽化

また、読者が日常的に利用している道路、橋梁、トンネル、港湾といったインフラスト

ラクチャーは、主に高度成長期に建設されたものである。橋にせよ、トンネルにせよ、一度建設すれば、未来永劫使用できるというわけではない。コンクリートの腐食や、鋼材の劣化により、インフラの寿命はおよそ50年と言われている。

無論、50年経つと、いきなり橋が落ち始めるわけではない。とはいえ、古びたインフラを大規模な修繕、メンテナンスなしで使用し続けると、国民の生命に危険が迫る事態になりかねないことも、また確かなのだ。

国土交通省は、2014年度からの新たな統一基準を適用して老朽インフラの大々的な調査をした場合、地方自治体管理下の道路橋（およそ65万ヵ所）の10％に当たる6万5000もの橋梁が「5年以内に補修などの対策が必要」と診断される可能性があると公表した。

すでに、一部の老朽化した橋や陥没した道路が通行止めとなり、国土、地域が「分断される」事態が発生しつつある。何しろ、先述の通り、我が国の交通インフラの多くは高度成長期に建設された。建設後、およそ50年でインフラは寿命を迎えるわけだが、高度成長期とは1960年代だ。

1960年代の50年後とは、いつだろうか。もちろん、2010年代。すなわち、今なのだ。

恐ろしいことに、我が国は橋本龍太郎政権以降、公共事業費や公共投資、公的固定資本形成を容赦なく、かつ「根拠なく」削減することを続けてきた。次ページ図3－1にあるように公共事業費はデフレが深刻化した98年度に大々的な補正予算を組み（何と補正だけで5・9兆円だ）、ピークを打った。その後、麻生太郎政権（09年度）という一時期を除き、公共事業費は「着実に」減らされていった。結果的に、我が国のインフラの老朽化は進み、「次なる大震災」への対応能力も、日に日に失われていきつつある。

「公的固定資本形成」とは

ところで、日本国民の多くは「公共投資」「公的固定資本形成」「公共事業」の違いを理解していないのではないだろうか。何しろ、マスコミにおいても用語の混乱が見られる。

一般的、あるいは概念的には、公共投資と公共事業が同じ意味を持つわけだが、予算上これらは異なる。公共事業とは、道路や橋梁、港湾、上下水道などのインフラ建設のみを指し、学校や病院などの建設事業は含まれていない。

インフラ以外の投資を含めた「全ての公共のための投資」を、公共投資と呼ぶのである。とはいえ、ややこしいことに「公共投資」とは、「雇用」「所得」を創出する投資でありながら、そのまま投資金額がＧＤＰに計上されるわけではない。改めて第1章の図1－

【図3-1　日本の公共事業関係費の推移】

(兆円)

補正予算

全国防災関係経費

年度	当初予算	補正予算
89年度	7.3	1.2
90年度	7.3	0.8
91年度	7.7	0.8
92年度	8.1	1.8
93年度	8.5	4.0
94年度	8.9	1.6
95年度	9.2	5.0
96年度	9.6	1.6
97年度	9.7	0.8
98年度	9.0	5.9
99年度	9.4	2.8
00年度	9.4	2.1
01年度	9.4	1.9
02年度	8.4	1.6
03年度	8.1	0.2
04年度	7.8	1.1
05年度	7.5	0.5
06年度	7.2	0.6
07年度	6.9	0.5
08年度	6.7	0.6
09年度	7.1	1.7
10年度	5.8	0.6
11年度	5.0	0.6
12年度	4.6	0.3

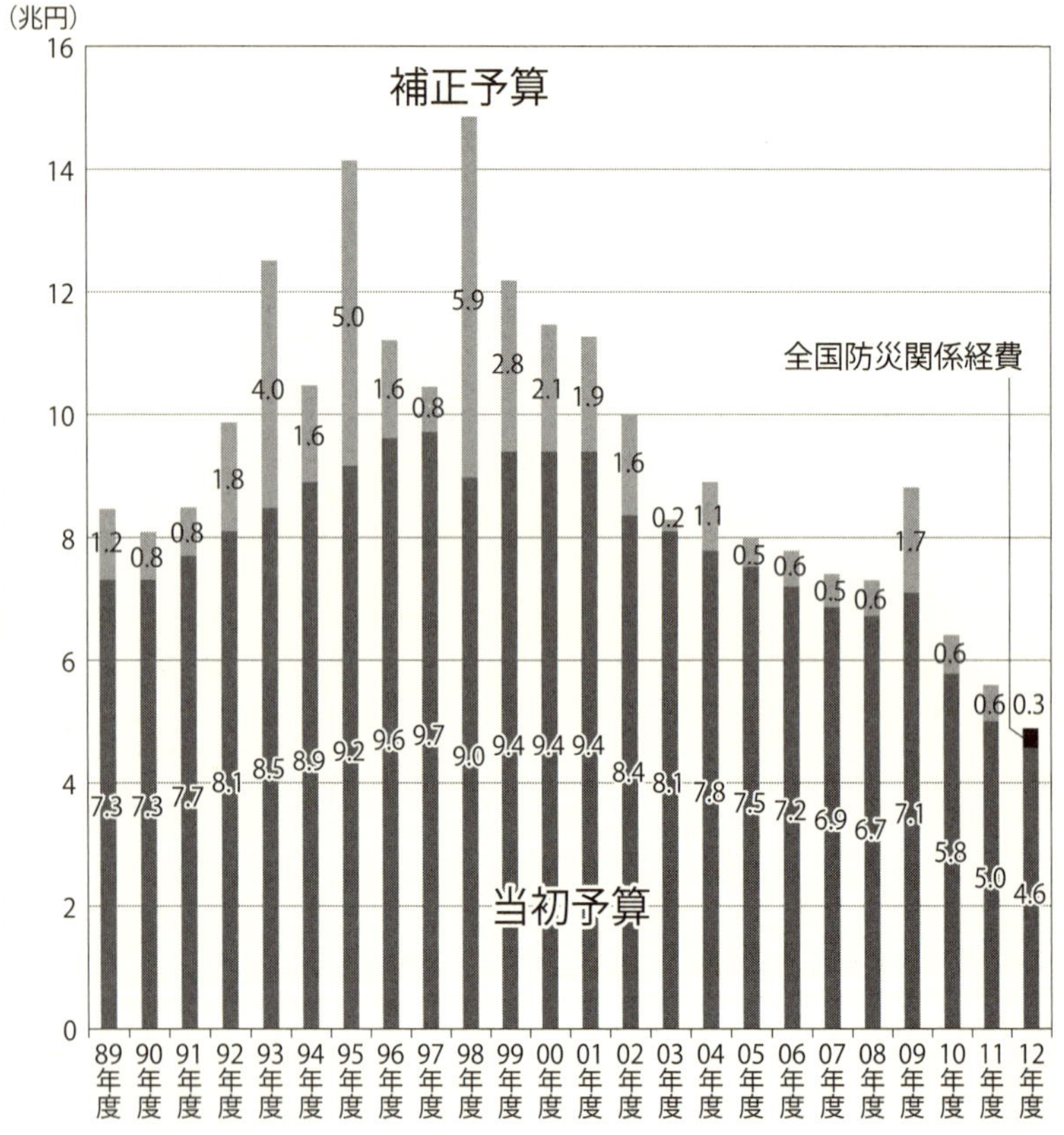

出典：国土交通省

１（Ｐ47）「インフレギャップとデフレギャップ」の中央部にある「名目ＧＤＰ」や、序章図０－３（Ｐ30）「日本の名目ＧＤＰ（２０１２年）」の「支出面」を見てほしいのだが、公共投資という需要項目は存在しない。あるのは「公的固定資本形成」である。

実は、公共投資という用語には、事業遂行のための用地買収費用が含まれているのだ。そして、用地つまりは「土地」の売買は、国民の所得を創出しない。

所得とは、生産者が「労働」し、生み出した付加価値（モノ、サービス）に対する支払いになる。土地は、当初から日本の国土に存在していたものであり、誰かが労働で生み出したモノでもサービスでもない。というわけで、公共投資のために地主が土地を政府に売り、売却益を得たとしても、それは「所得」としてはカウントされないのである（ついでに書いておくと、株式購入や為替取引なども、ＧＤＰには計上されない。株式も為替も、生産者が働くことで生み出したモノやサービスには該当しないためだ。序章を参照のこと）。

本書冒頭から繰り返し解説してきた通り、ＧＤＰは生産者が国内で一定期間働き、創出した所得の合計になる。公共投資は、建設企業や資材企業などの労働が発生するため、国内で所得を創出する。とはいえ、公共投資として支出された金額のうち、用地費については所得としてカウントしてはならない。すなわち、ＧＤＰ統計上、公共投資をそのまま計上することはできない。というわけで、用地費など所得にならない部分を省いた「公的固定資本形成」をGDPに計上しているのである。

公共投資ならぬ「公的固定資本形成」の推移をグラフ化すると、図3−2の通りとなる。

我が国の公的固定資本形成の総額は、橋本政権期（96年）に44兆円強でピークを打ち、その後は容赦なく削減されていった。参考までに、96年に日本の公的固定資本形成が最大となったのは、バブル崩壊後の経済対策に加え、阪神・淡路大震災の復興需要があったためである。

橋本政権、小泉政権と、もはや残酷と表現したくなるほどのペースで減らされた公的固定資本形成だが、2011年に20・5兆円で底をつけた。その後は、東日本大震災の復興需要もあり、やや持ち直しつつあるものの、それにしても2013年でさえ、公的固定資本形成の総額は30年前の1983年とほぼ同じ水準である。

内戦や革命をやっているのでもない限り、公的固定資本形成の総額が30年前と同規模の国など、世界に日本ただ一国だ。何しろ、図3−2は実質値ではなく「名目の金額」なのである。公的固定資本形成の名目金額は、実質的な事業が増えていなくても、普通はインフレ分（物価上昇分）だけ拡大していくはずだ。

【図3-2　日本の公的固定資本形成と対GDP比】

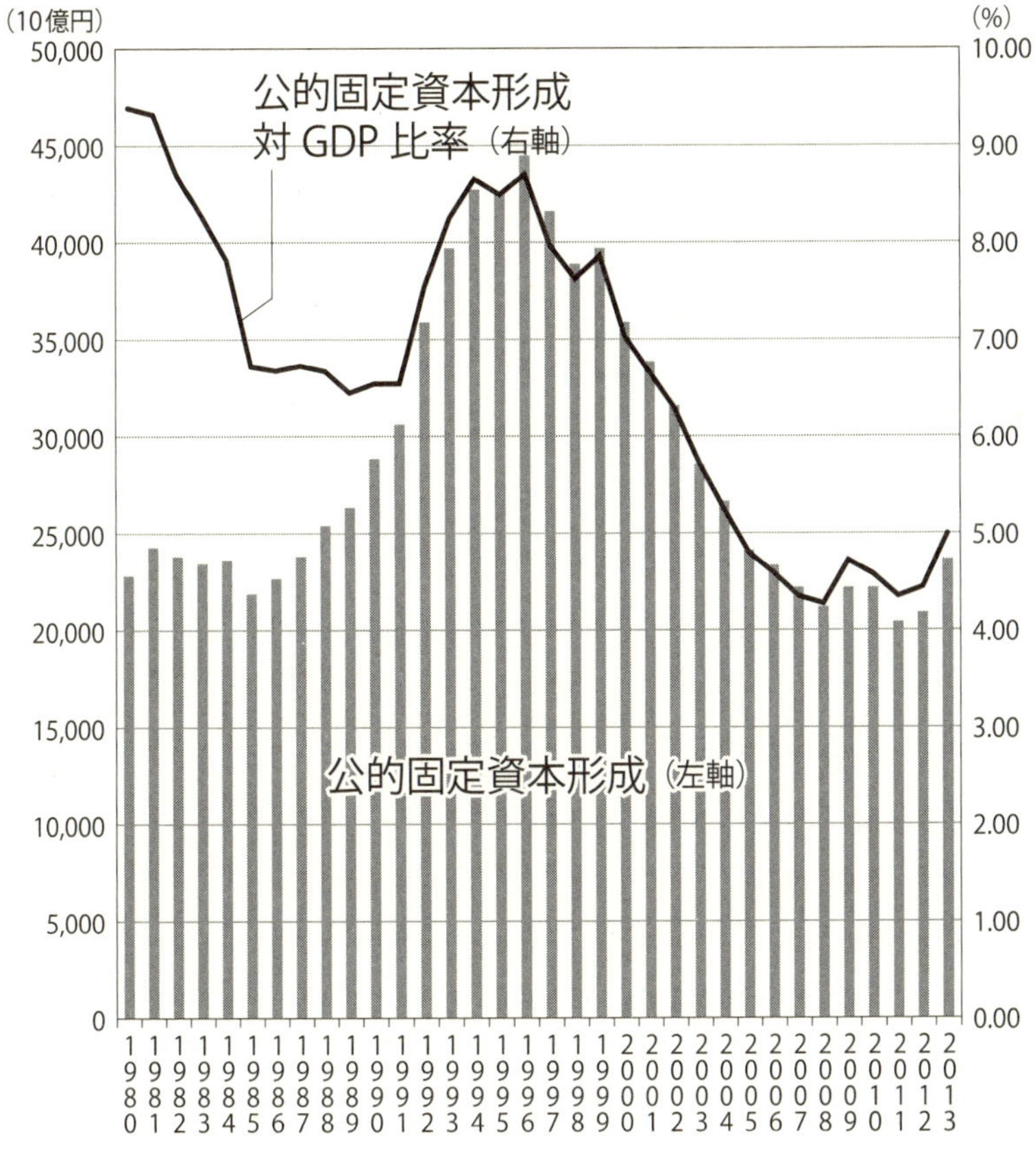

出典：内閣府「国民経済計算」
※1993年までは2000年基準、1994年以降は2005年基準

我が国がデフレに突入したのは、98年だ。逆にいえば、97年までの日本は2％前後の「健全なインフレ率」を維持し続けていたのである。すなわち、2013年の公的固定資本形成の総額（23・7兆円）は、物価上昇分を差し引くと、実質的には30年前を「大きく下回っている」ということになる。

しかも情けないことに、公的固定資本形成は名目GDPの需要項目の一つなのである。すなわち「総需要」の一部なのだ。公的固定資本形成が縮小すると、当たり前だが総需要も小さくなり、デフレギャップが拡大し、デフレが深刻化する。デフレが深刻化すると、名目GDPが伸びなくなり、税収が減る。税収が減るとは、すなわち財政悪化である。財政が悪化すると、

「国の借金で破綻する！　公共投資（公的固定資本形成）を削減しろ！」

と、「国民経済」を理解しない官僚、政治家、学者、評論家たちが叫びだし、政府は言われるままに公的固定資本形成を減らす。すると、総需要の縮小というわけで、デフレギャップが拡大する。デフレギャップ拡大は、デフレを深刻化させ、名目GDPの成長率を押し下げ（あるいはマイナス成長に陥らせ）、政府の税収を減らす。政府の税収が減ると、彼らはまたしても

「国の借金で破綻する！　公共投資（公的固定資本形成）を削減しろ！」

と叫び、「国民経済」を理解しない……。

もう、いいだろう。要するに、橋本政権以降の日本政府は、自ら公的固定資本形成という総需要を減らし、デフレを深刻化させ、財政悪化を呼び込み、国民を貧困化させる政策を継続してきたのだ。よくもまあ、国民が暴動を起こさなかったものである。

いずれにせよ、日本国民が日本列島で「安全に、快適に、豊かに」暮らすためには、公共事業や公共投資によりインフラを整備し、最近の自民党の政策でいえば「国土の強靭化」を継続しなければならないのだ。何しろ、我が国は世界屈指の自然災害大国なのである。

それにもかかわらず、我が国の政府は公共投資、公共事業を削減することを続けた。言葉を選ばずに言わせてもらえば、まさに「国家的自殺行為」である。

迫りつつある危機

世界屈指の自然災害大国である以上、我が国では公共投資の規模を「国民の安全が守られる水準」で維持する必要がある。ところが、97年以降の日本政府は公共投資の削減を続け、デフレを長期化させてきた。

現在、我が国は少なくとも「二つ」の大規模自然災害の危機に直面している。すなわち、首都直下型地震と南海トラフ巨大地震（東海地震、東南海地震、南海地震の連動）という危機が迫りつつあるのだ。

2013年12月19日に公表された中央防災会議「首都直下地震の被害想定と対策について（最終報告）」によると、首都直下でマグニチュード7クラスの地震が30年以内に発生する確率は70％である（東京五輪の2020年まででさえ、30％近い）。実際にM7規模の首都直下型地震が発生した場合、揺れによる全壊家屋は17万5000棟、建物倒壊による死者は最大で1万1000人に達する。

さらに、市街地火災が多発し、延焼した場合、建物の焼失は最大で41万2000棟、火災による死者も同1万6000人に及ぶ。建物倒壊と合わせて、最大2万3000人が命を落とす可能性があるという。

経済的な被害を見ると、建物等への直接的な被害が約47兆円。さらに、生産やサービスの低下がもたらす経済活動への影響による被害が約48兆円と、総計で100兆円近い経済損失が発生することになる。

しかも、東京は日本国の首都である。首都中枢機能への影響、また数百万の被災者や帰宅困難者が出ることを考えた場合、**「30年以内70％」**という確率を「低い」とみることは許されない。首都東京の機能が震災で麻痺すると、日本国家の「脳みそ」がやられたのも同然となり、被災地の復旧や復興はおぼつかなくなる。

そして、想定される死者数だけを見れば、南海トラフ巨大地震は首都直下型地震をはるかに上回る。2013年5月28日に公表された中央防災会議「南海トラフ巨大地震対策について（最終報告）」には、東海地方を中心に被害が発生した際に、最悪32万3000人の死者が出るという予測が掲載されている。無論、32万人とは津波による被害が最大になる「冬の深夜（在宅率が高い）」に大地震が発生した場合だが、それにしても衝撃的な数字だ。

死者以外の被害も想像を絶するものがあり、被災者は40都府県で950万人。経済的損失の推定は220兆円超と、首都直下型地震の2倍強に達すると推定されている。

安倍政権は2013年秋の臨時国会において、国土強靭化基本法（正式名称は「強くしなやかな国民生活の実現を図るための防災・減災等に資する国土強靭化基本法」）を成立させた。さらに、南海トラフ地震対策特別措置法と首都直下地震対策特別措置法についても国会を通した。

右記「国土強靭化三法」に基づき、安倍晋三内閣総理大臣は同年12月17日に国土強靭化推進本部の初会合を開き、国土強靭化政策大綱を決定した。大綱決定により、国土強靭化は正式に「政府の方針」となったことになる。

大綱には、国土強靭化の目標について以下の通り書かれている。

「いかなる災害等が発生しようとも、（1）人命の保護が最大限図られること（2）国家及び社会の重要な機能が致命的な障害を受けず維持されること（3）国民の財産及び公共施設に係る被害の最小化（4）迅速な復旧復興——を基本目標として、『強さ』と『しなやかさ』を持った安全・安心な国土・地域・経済社会の構築に向けた『国土の強靭化』（ナショナル・レジリエンス）を推進することとする」

右記の目標に反対する日本国民は少ないと信じるわけだが、現実の国土強靭化の道のりは厳しいものにならざるを得ないだろう。何しろ、日本国民の多くが「巨大地震という非常事態」について、真剣に想像していない。東日本大震災を経てさえ、「自分が犠牲者になる可能性」について考慮していない国民が多数派ではないだろうか。

筆者は以前から、

「公共事業の一環として、電柱の地中化を」

と訴えているが、これは別に「美観」の問題で主張しているわけではない（電柱を地中化すると、確かに景観も良くなるが）。現実に大震災が発生した場合、道路を横倒しになった電柱が塞ぎ、救援活動の妨げになるためだ。

首都直下型地震の場合、先述の通り、最悪で死者数2万3000人。さらに、避難住民は最大で720万人と想定されている。南海トラフ巨大地震に至っては、950万人だ。

地震そのものからは命を守った首都圏や太平洋ベルト地帯の「720万人」あるいは「950万人」の被災者を救援する。これ自体が、

「人類に可能なのか……」

と、疑問を持ってしまうほどの凄まじいオペレーションだが、被災地への道、あるいは被災地の道が、電柱で塞がれていた場合はどうなるだろうか。

簡単である。地震自体では生き延びた被災者が、一人、また一人と命を失っていくだけの話だ。無論、救援部隊は重機で電柱を排除し、何とか道を確保しようとするだろうが、救助を待つ人々が助かるか否かは「時間との戦い」なのである。

さらに、筆者は、

「リニア新幹線の開業時期を早めるべきだ」
「北陸新幹線を早急に京都まで延伸するべきだ」

とも主張している。理由の一つは、南海トラフ巨大地震が発生した場合、東海道新幹線は複数の箇所で津波により「断絶」することになる可能性があるためだ。東日本大震災クラスの10メートルを超える津波ではなく、4～5メートル級の津波であっても、東海道新幹線は持たない。そして、東海道新幹線が運行不能となると、我が国の東西の連絡能力は一気に低下することになってしまう。震災で東海道新幹線が断絶した場合であっても、東

西の連絡を維持するために、リニア新幹線や北陸新幹線の完成が急がれるわけだ。

土建小国

巨大地震発生時、我が国の土建サービスの供給能力が現在以上に落ち込んでいた場合、電柱を排除し、道を修復しようとしても「人材がいない」「機材がない」という、最悪の事態になりかねない。多くの日本国民が勘違いしているように思えるわけだが、我が国はもはや「土建大国」ではない。**「土建小国」**というのが現実なのだ。

97年の橋本龍太郎政権以降、日本政府は公共投資という土木・建設産業の「需要削減」を続けた。さらに、反対側で公共事業の一般競争入札化や談合禁止など、競争を激化させる規制緩和政策を立て続けに打った。

需要が減少する反対側で、政府の政策により競争を激化させられたわけだから、たまらない。我が国の建設企業の数は、ピークの60万社（99年度）から、図3－3の通り、すでに47万社（12年度）へと激減してしまっている。市場を去った労働者の総数は、実に180万人を超える。

2011年3月11日の東日本大震災発生後、我が国では土木、建設の需要がいきなりふくれ上がった。第1章の図1－1（P47）「インフレギャップとデフレギャップ」でいえ

【図3-3　日本の建設業許可業者数の推移】

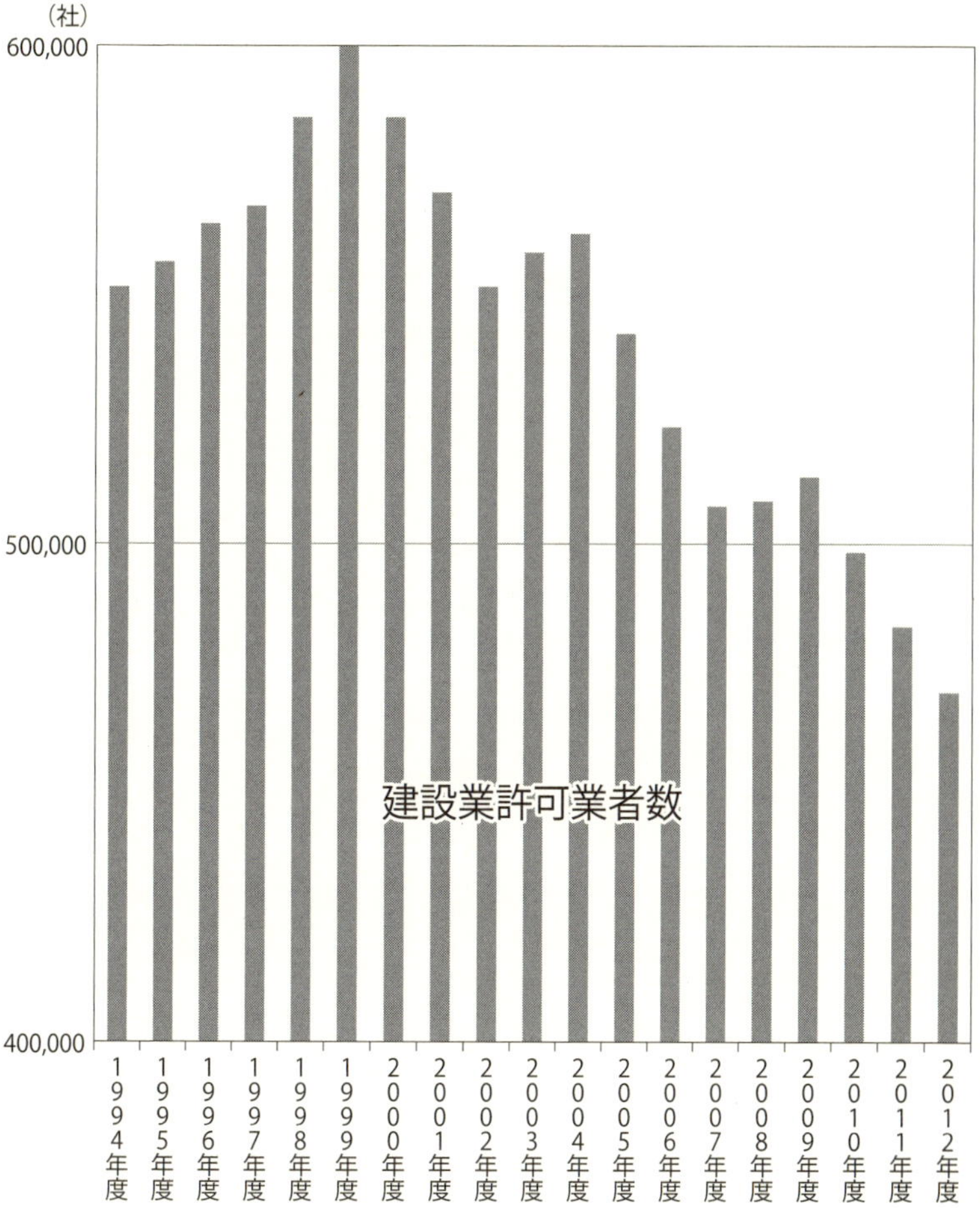

出典：国土交通省

ば、土建産業は右側のデフレギャップ状態から、唐突（と言ってもいいだろう）に左側のインフレギャップ状態に移ってしまったのである。

東北被災地の復興はもちろんのこと、国内のインフラが老朽化し、多くの橋梁やトンネルが寿命を迎えつつあり、首都直下型地震や南海トラフ巨大地震という「迫りつつある危機」への対応も必要だ。自民党と公明党が成立させた「国土強靭化基本法」は、そのディテールはともかく、全体の方向性としては完璧に正しい。

さらに、２０２０年には東京五輪が開催される。何しろ、首都高速道路に代表される首都圏のインフラは、それこそ前回の東京五輪の前後に整備されたものである。すなわち、前回の東京五輪から半世紀が過ぎ、大々的なメンテナンスを実施する必要があるという話だ。

前回の東京五輪は、１９６４年に開催された。その50年後といえば、まさしく２０１４年。すなわち、今年である。

２０２０年に再び東京五輪が開催されることが決定したことで、老朽化が著しい首都高速道路が全面的に改修、耐震化される可能性が高まった。個人的な話で恐縮だが、筆者は大変助かる。何しろ、筆者は仕事柄、ほぼ毎日、首都高速を通るのだが、明らかに傷んだ箇所が少なくなく、正直怖い。首都高速道路が本格的に開通したのが前回の東京五輪前後である以上、設備は当然ながら老朽化している。

首都高の老朽化対策、耐震化対策は必須なのだが、その前にまず、東京外環自動車道と中央環状品川線を開通させなければならない。さもなければ、首都高が大渋滞でパンクしてしまうことになる。

品川線は２０１４年度末に開通予定だが、外環道は未定のままだ。麻生太郎政権のときに予算をつけていたため、09年の政権交代後の鳩山由紀夫政権が「補正予算凍結」などという愚かな真似をしなければ、今頃は完成していたはずなのである。

各環状道路を完成させないうちは、「東京外」から「東京外」に向かう車までもがいったん首都高を通らなければならない。例えば、中央自動車道から東名高速道路に抜けるのに、現在は新宿から中央環状新宿線で渋谷を経由するか、もしくは環状八号線に降りて「乗り換え」を行わなければならない。恐ろしく非効率だ。

各環状線が開通していない状況で首都高を改修するとなると、都内の渋滞悪化は「悪夢」と呼びうるレベルになる。ドライバーにとっても、無意味に首都高を抜けるのはストレスであろう。その分時間もかかり、ガソリンも無駄に消費することになり、何も良いことはない。首都高速道路の改修と、環状道路の完成は、完全にリンクした話なのだ。

また、２０２０年東京五輪開催決定を受け、ＪＲ東海が計画中のリニア中央新幹線の

「前倒し開通」を求める声が聞こえてきた。何しろ、現在の東海道新幹線が開通したのは、まさに前回の東京五輪の直前である。

ＪＲ東海は今のところリニア中央新幹線の前倒し開業には同意していないが、いずれにせよ２０２０年に向けて各地で大規模公共事業が実施されることは疑いない。ところが、日本の土木企業、建設企業が減少し、土建産業で働く労働者も減ったため、すでにして公共事業が応札不調になるケースが出てきている。

右記の問題の解決策の一つは、政府が**「長期の計画を立て、需要をコミットする」**ことで、土建産業の投資拡大、人材育成を誘発することだ。そういう意味で、14年6月にまとめられた国土強靭化基本計画とその後の確実な実施が肝となる。国土強靭化基本計画に「数値目標」が入っていたため、土建企業にとっては「残事業費が見える」という話になり、ある程度「安心」して人材を雇用してくれる可能性が出てきた（予算がつけば、さらに効果的なのだが）。また、土木企業、建設企業に就職する労働者側にしても、将来が見えるという話になる。

さらには、リニア新幹線への政府の関与を強化すること（ＪＲ東海を資金面、技術面で政府が支援すること）もまた、土建産業に長期的な需要に対する安心感を与えることになる。何しろ、東京―名古屋間のリニア新幹線開業予定は、２０２７年である。東京―大阪間開通はさらに先の話で、何と２０４５年だ。今後、30年以上もの長期にわたるプロジェクトが存在し、政府がある程度関与していくとなれば、土建産業の「安心感」はますます高まるだろう。

人手不足こそが所得拡大をもたらす

ところで、公共事業が落札されない「最大の原因」は、実のところ「先が見えない」以上に、**建設業の賃金水準（労務単価）が以前と比べて大きく下落してしまっている**ことである。次ページ図３－４の通り、バブル崩壊後の一時期は実は建設業の賃金水準が製造業を上回っていた。ところが、98年のデフレ深刻化以降、建設業の賃金水準がひたすら下落していき、製造業に逆転された状態が続いているのである。

特に、リーマンショック（08年）後の建設業の賃金水準の低下は著しく、相当程度の専門工が土木・建設市場を去り、生活保護に流れたといわれている。基本的に、土木・建設の労働者は専門工であり、かつ肉体労働でもある。苦労して建設現場で働いても、給料が下がる一方であったため、**「生活保護の方がマシ」**と考えた鉄筋工や左官職が少なくなかったそうだ。

結果的に、東日本大震災後に土木・建設の需要が急激に拡大した途端、我が国の土建現

【図3-4　建設業と製造業の年間賃金水準の推移】

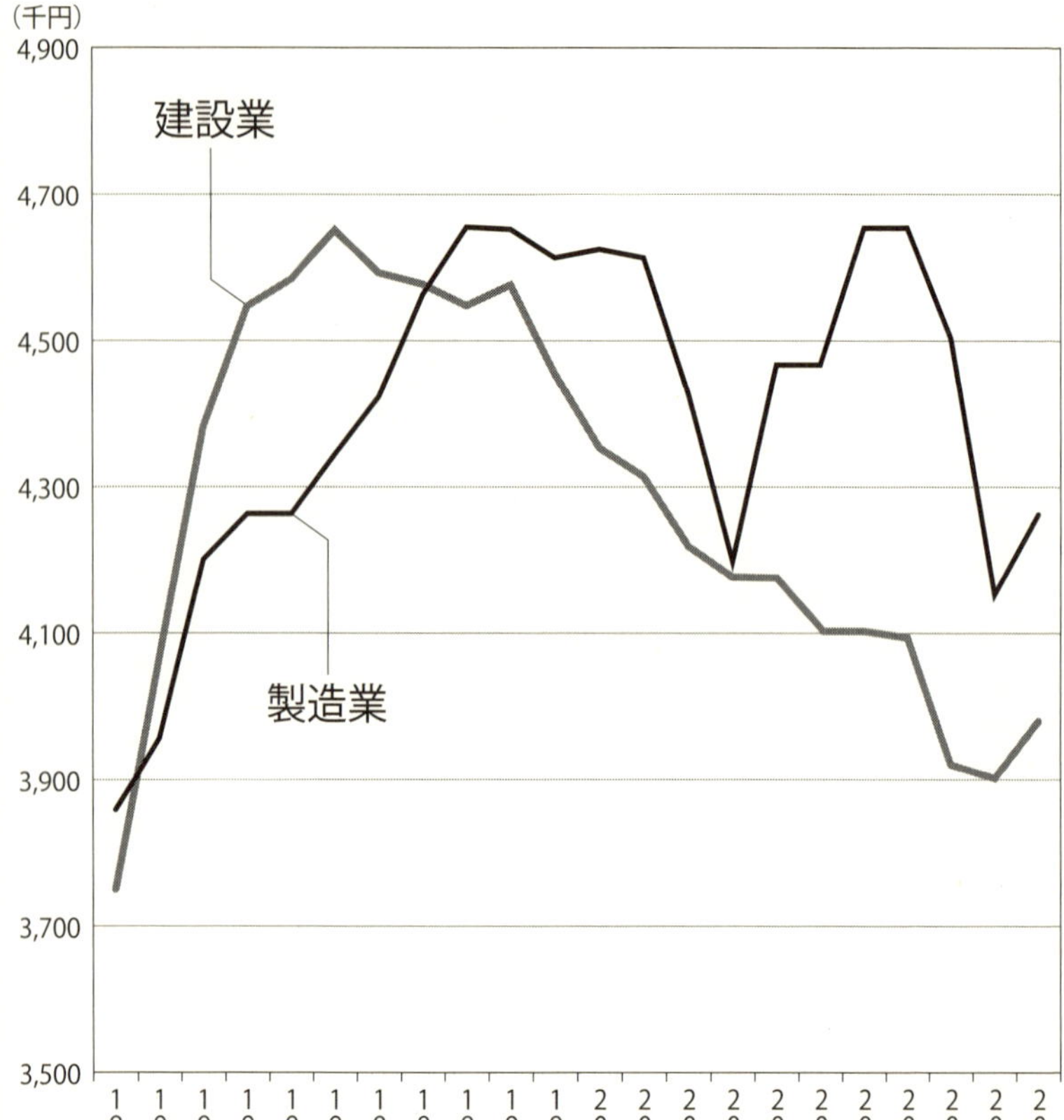

出典：国税庁「民間給与実態統計調査」

場は深刻な人手不足に陥ってしまった。現在は、東北・東京のみならず、他の地域においても公共事業の応札不調が増えてきている有様だ。

もっとも、現在の日本を悩ませる公共事業の応札不調は、現場作業員の賃金を引き上げることで、ある程度は解消されている。というよりも、実際の契約率から見れば、「公共事業の応札不調」は解決に向かっているとも言えなくもないのである。

確かに、現在の日本では人手不足により応札不調が増えている。だが、予定価格を引き上げた「後」の再入札により「最終的な契約成立」に至っているケースが多いのだ。13年11月時点で、公共事業の契約率は約70％となっており、実のところ民主党時代よりも契約率は上がっている。

要するに、人件費や資材価格の上昇という**「市場」**に、公共事業の予定価格が追い付いていないことが問題なのだ。人手不足により土木、建設の「労働市場」における賃金水準は上昇している。それにもかかわらず、公共事業の予定価格を決める際の「労務単価」の上昇ペースが遅いため、業者側は新たに人を雇用し、事業を請け負うと「赤字になる」状況なのである。

すなわち、常日頃「市場！　市場！」と言っている人たちは、今こそ、

「市場原理に則《のっと》り、政府や自治体は公共事業の労務単価と予定価格を引き上げろ！」

と、主張するべきなのだ。少なくとも、現時点で「市場」を無視しているのは、政府や自治体側であり、人件費の上昇はまさに「市場競争」の結果、生じている。無意味な財政均衡主義の誤りを正し、政府が「市場」に従うことこそが、現在の日本における最高の雇用創出策になる。

とにもかくにも、現在の公共事業の予定価格を算出する際の労務単価は、「労働市場」における賃金水準と比べて低すぎる。一応、政府は問題を認識しており、2014年度は毎年4月に実施している労務単価の見直しを2ヵ月前倒しして、2月から適用を開始した。設計労務単価を全国平均で7・1%引き上げ、1万6190円（これでも2000年と同水準）にまで回復させたのである。

通貨発行権という強権を持つ中央政府が率先して賃上げに動けば、民間も追随せざるを得ない。賃上げの動きは、いずれは土木、建設業以外にも波及していき、日本は**「働く人の所得が上がっていく」**経済を取り戻すことができる。この時点で、ようやく「デフレ脱却」と言える。

しかも、今の日本は真の意味で「人が足りない」わけではない。完全雇用は未だ達成しておらず、若年層失業率は8%前後だ。また、生活保護受給者は第二次安倍政権下においてすら増え続け、発表のたびに史上最高値を更新している。さらに、若年層の「NEET

率」は10%弱だ(ILO〈国際労働機関〉2013年5月20日「世界青年雇用動向」より)。

ある意味で、現在の人手不足は「働く人」が所得を増やす絶好のチャンスでもある。日本国の需要を満たすために、日本国民が働き、所得を増やしていく。所得が増えた国民は消費、投資を拡大し、内需が増えていき、所得の上昇は次第に様々な産業に波及していく。

人手不足の環境下で、国民(働いていない国民)が一人、また一人と職を得ていき、自らの中に様々な技術、ノウハウ等を蓄積していく。働く国民一人ひとりに蓄積された能力の集合体こそが「国力」あるいは「経済力」なのである。

妙な話だが、現在の「深刻な問題」である人手不足こそが、我が国の国民の所得上昇と「経済力(=国民経済の供給能力)」の強化の「始まり」になる可能性が高いのだ。

安全保障を強化する公共事業

ところが、この状況で、なぜか政府は人手不足を外国人労働者の導入で補おうとしている。外国人労働者を大々的に国内に導入すると、当たり前だが「日本国民」に技術やノウハウ等が蓄積されることはない。さらに、労働市場の競争がまたもや激化することになり、国民の所得は増えない（むしろ減るだろう）。人件費を削減し、利益を増やせる経営者や株主は嬉しいかもしれないが、日本の「国民経済」にとっては最悪だ。

何故《なにゆえ》にこの状況で外国人労働者を増やし、労働市場における競争を激化させ、日本国民の賃金を抑制しなければならないのか。筆者にはさっぱり理解できない。

いや、もちろん分かっているのである。「外国人労働者を増やすべき」と主張している人々は、実質賃金の切り下げで「国際競争力（厳密には価格競争力）」を高めることこそが、日本経済成長の道と「勘違い」しているのだ。あるいは、勘違いしているふりをしているだけなのかもしれないが、いずれにせよ間違っている。

そもそも、世界屈指の自然災害大国日本において、土木・建設の供給能力を「外国人」に頼ろうという発想が理解できない。我が国の土木や建設の需要を「日本国民」では賄えないとなると、いざ非常事態が発生した際に「誰も被災者を助けることができない」事態に至りかねない。「外国人」に自国の安全保障を委ねる国など、中長期的に存続できるはずがない。日本のような自然災害大国にとって、土木・建設の供給能力の維持は、完全に**「安全保障」**の問題なのである。

日本国民の安全保障確立のためにも、日本が「働く人の所得が上がっていく」経済を取り戻すためにも、さらには「将来の日本」において土木・建設の供給能力を維持するためにも、現在の土木・建設業の人手不足は日本国民の力で解消しなければならないのだ。
そして、日本国民が自らの力で「安全保障関連の人手不足」を埋めようとしたとき、我が国は、

「国民の安全保障が強化されつつ、所得が堅調に上昇していく。国民の所得が増えることで、税収が回復し、更なる安全保障の強化が可能となる」

好循環に入る。国民の安全性を高めつつ、所得が順調に増えていく環境を取り戻すことができれば、先述の実質GDP４％、名目GDP７％の「安定的な高成長」は十分に可能となる。結果的に、２０２０年代初頭に、我が国の国民所得は倍増という目標を達成できるだろう。

経済成長の「肝」は、需要が拡大している分野における投資やリソース（人材）の投入が適切に行われるか否かだ。そして、現在の我が国にとって、安全保障ほど「安定的な需要拡大」が見込める分野は存在しない。

また、現在の安倍政権が「大企業」の利益拡大に比重を置いている以上、中小企業の「仕事」を政府が直接的に増やすという発想が重要だ。中小企業の仕事を増やし、マジョリティである中小企業勤務の国民の所得を拡大することこそが、国全体の中長期的な成長をもたらし、企業間格差を縮小させる政策なのである。

日本の企業の99％以上は中小企業だ。中小企業の市場の多くは「国内市場」であり、グローバル市場ではない。人手不足を発端とした国民の所得拡大は、国内をメインのマーケットとする中小企業を潤す。安倍政権は今こそ「多数派」である中小企業の「国内市場」を広げる政策にシフトするべきなのだ。そのために最も分かりやすい市場は、国民の安全保障を強化するための公共事業の拡大である。

第4章

エネルギーミックスの構築は死活問題

――「安定性」「経済性」「環境性」など、巧くバランスさせる

経常収支とは何なのか?

本書の元となった連載のタイトルは「第二次所得倍増計画」であるが、所得創出のプロセスは、

「国民が働き、モノやサービスという付加価値（生産面GDP）を生産し、誰かが消費、投資として支出・購入し（支出面GDP）、所得が創出される（分配面GDP）」

と定義される。右記の「支出」において、国民の労働で生産されたモノやサービスを購入するのは、別に外国人でも構わない。例えば、日本国民が国内で働き、自動車を生産し、それをアメリカが輸入した場合も、日本のGDPは増える。すなわち、日本国民の所得が創出されるのだ。

逆に、日本が製品やサービスを外国から輸入した場合、それは「外国の付加価値」というわけで、生産国の所得となり、日本国民の所得にはならない。すなわち、日本にとって（どの国にとっても同じだが）、

「輸出はGDPの加算項目、輸入はGDPからの控除項目」

になるのである。

外国と輸出入するのは、別に製品に限らず、サービスでも構わない。サービスとは、た

とえば「観光」「医療」「教育」「金融」「保険」「建設」「知的財産」などになる。

アメリカ人が日本に観光旅行に来た場合、**「日本がアメリカに観光サービスを輸出した」**ものとして統計される。逆に、日本人がアメリカで医療サービスを受けた場合、**「アメリカが日本に医療サービスを輸出した」**ことになるわけだ。製品の輸出入同様に、サービスも「売った方が輸出」「買った方が輸入」として計上されるのである。

外国との所得や資産のやり取りを**「国際収支」**と呼ぶが、中でも国同士の経常的な所得移動の統計を**「経常収支」**と呼ぶ。製品の輸出入は**「貿易収支」**として、サービスは**「サービス収支」**として経常収支に計上される。

日本は世界最大の対外純資産国

ちなみに、外国と「所得のやり取り」をするケースは、別に貿易やサービスには限らない。例えば、日本は対外純資産が325兆円に達する、世界一の債権国だ。日本が外国に保有する膨大な資産から、毎年、配当金や金利といった「所得」が国内に流入してくる。逆に、外国が日本に保有する資産に対しては、こちら側が配当金、金利を支払わなければならない。

また、日本国民が外国で働き、給与所得を得た場合、**「外国から日本に所得が流入した」**ものとして統計される。日本国内で働く外国人に給与を支払った場合は、その逆だ。というわけで、外国との給与、配当金、金利といった「貿易・サービス以外」の所得のやり取りの集計を**「所得収支」**と呼ぶ。何しろ、日本は世界最大の対外純資産国であるため、所得収支は毎年、莫大な黒字を計上している（2013年は16・5兆円の黒字）。

さらに、外国とのやり取りの中には国連の分担金の支払いや、援助がある。例えば、日本がミャンマーに無償資金協力を実施した場合、**「日本の所得の一部がミャンマーに譲渡された」**という話になるわけだ。この種の援助等による所得の移動を「経常移転収支」と呼ぶ。

経常収支は**「貿易収支」「サービス収支」「所得収支」「経常移転収支」**の四つから成り立っているわけである。

図4－1が、1996年から2013年までの経常収支の推移である。2007年頃まで、日本は貿易収支が大きな黒字で、経常収支黒字の「主役」であった。ところが、それ以降は所得収支の黒字が貿易黒字を大幅に上回る状況になっており、経常収支黒字を下支

【図4-1　日本の経常収支の推移】

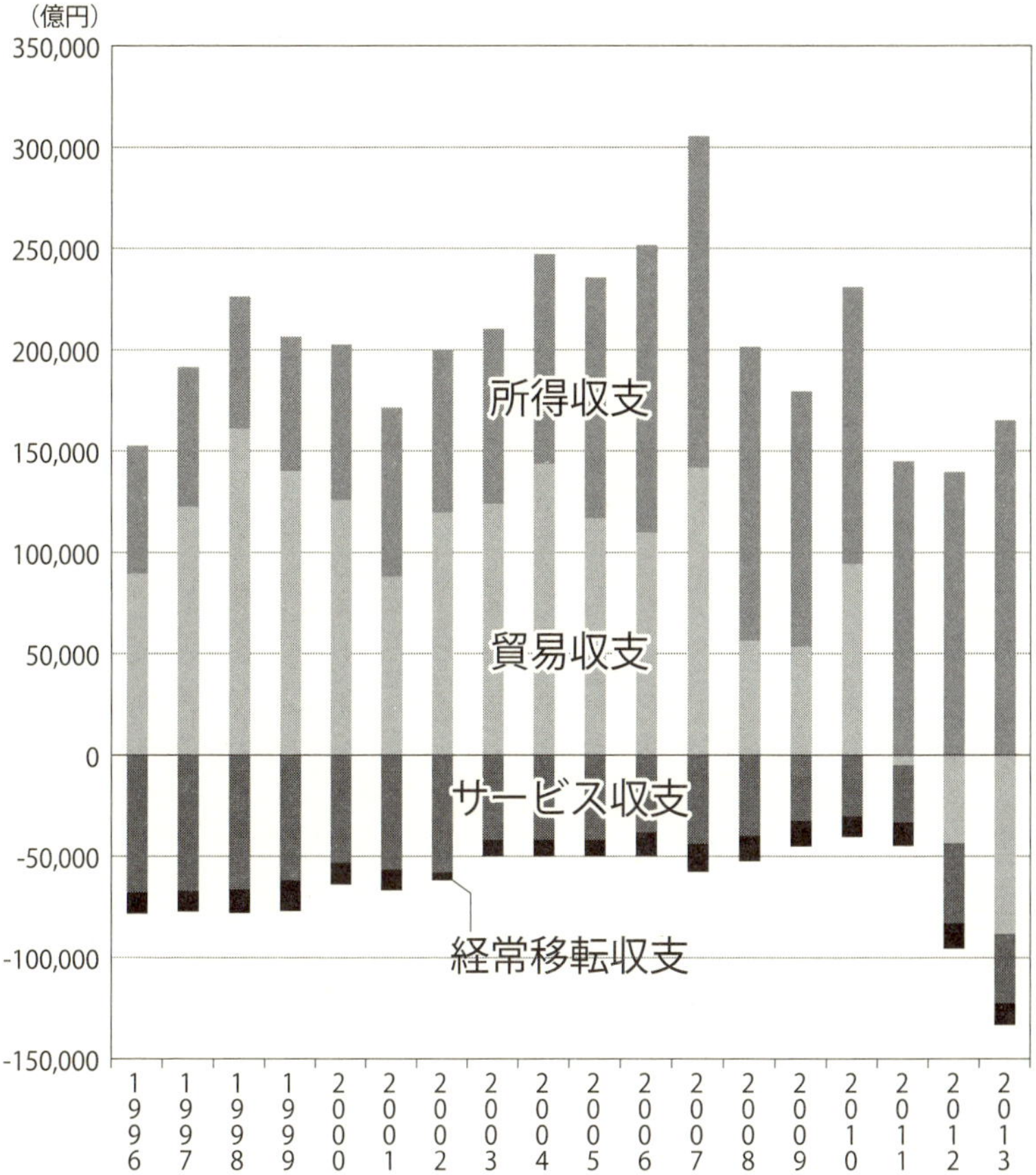

出典：財務省「国際収支」

えしていることが分かる。

貿易赤字の常態化

2011年3月11日に東日本大震災が発生し、福島第一原発が事故を起こした。当時の菅直人政権は、何らの法的根拠もなく全国の原子力発電所を停止に追い込み、電力各社の外国からの鉱物性燃料、特にLNG(液化天然ガス)の輸入が激増し、我が国は貿易赤字が常態化した。

とはいえ、所得収支の黒字が大きい我が国は、「貿易収支」「サービス収支」「経常移転収支」の3項目が全て赤字化しても、経常収支全体では黒字を維持している。2013年の貿易赤字は8兆7000億円に達したものの、それでも経常収支全体は黒字なのだ。世界最大の対外純資産国ならではの現象と言える。

ちなみに、日本の経常収支の黒字が縮小すると、途端に、

「日本は経常収支が赤字に転落し、破綻する!」

といった、意味不明な論調が出てくる。

だが、2012年の世界各国の経常収支を見ると、黒字の国が55ヵ国であるのに対し、赤字国は132ヵ国に及ぶ。経常収支赤字国は、黒字国の2倍以上も存在しているのだ

（ＩＭＦ〈国際通貨基金〉『世界経済見通し』２０１３年10月）。

参考までに、経常収支黒字国は、黒字額が大きい方から、ドイツ、中国、サウジアラビア、クウェート、オランダ、ロシア、ノルウェー、ＵＡＥ、カタール、スイス、日本である。逆に、赤字国側は赤字額が大きい順に、アメリカ、イギリス、インド、オーストラリア、カナダ、フランス、ブラジル、トルコ、インドネシア、南アフリカ、ポーランドとなっている。

「経常収支赤字国は破綻する！」

などという原則が存在するなら、世界の１００ヵ国以上の国々、特にアメリカやイギリスが真っ先に「破綻」しなければならないことになる。この手の言説（というよりも「嘘」）をまき散らす人々が「破綻」をどのように定義しているのか知らないが、いずれにせよ経常収支が赤字であっても、国民経済を成長させることは可能だ。逆に、経常収支が黒字だとしても、マイナス成長に陥っている国は普通に存在し得る。

国民経済にとって重要なのは、「国民の所得が増えるか、否か」である。経常収支が黒字だろうが赤字だろうが、所得の合計であるＧＤＰがマイナス成長に陥っているならば、「国民が貧困化」しているという話になり、国民経済としては失敗だ。

もっとも、貿易収支とサービス収支の合計はＧＤＰ上の「純輸出」になる。純輸出が大

きいということは、

「製品やサービスの輸出入において、外国から流入する所得の方が大きい」

という話になり、GDPを「成長させやすい」のは確かだ。逆に、貿易収支とサービス収支の合計が「マイナス」の場合（現在の日本がそうなのだが）、GDP上の「純輸入」が大きく、国民の所得がその分だけ外国に流出しているということになる。

特に、「何らかの理由」で外国から本来なら不要な製品やサービスを輸入し、貿易赤字が拡大しているとなると、「所得倍増」を達成する上では足かせだ。

現在の日本は、原発を停止していることで外国（特に中東諸国）からのLNG輸入が激増し、貿易赤字が拡大しているが、これは国民の所得を増やすという観点からは障壁以外の何物でもない。

流出する日本国民の所得

現在、日本国は原発を停止させているため、LNGの輸入が拡大し、中でも対カタールの貿易赤字拡大が顕著になっている。図4－2の通り、2013年通年の対カタール貿易赤字は約360億ドルにも及んだ。1ドル100円で計算しても、3・6兆円である。

IMFのデータによると、カタールの2012年のGDPは1924億ドルだ。信じが

【図4-2　対カタール輸出入・貿易収支】

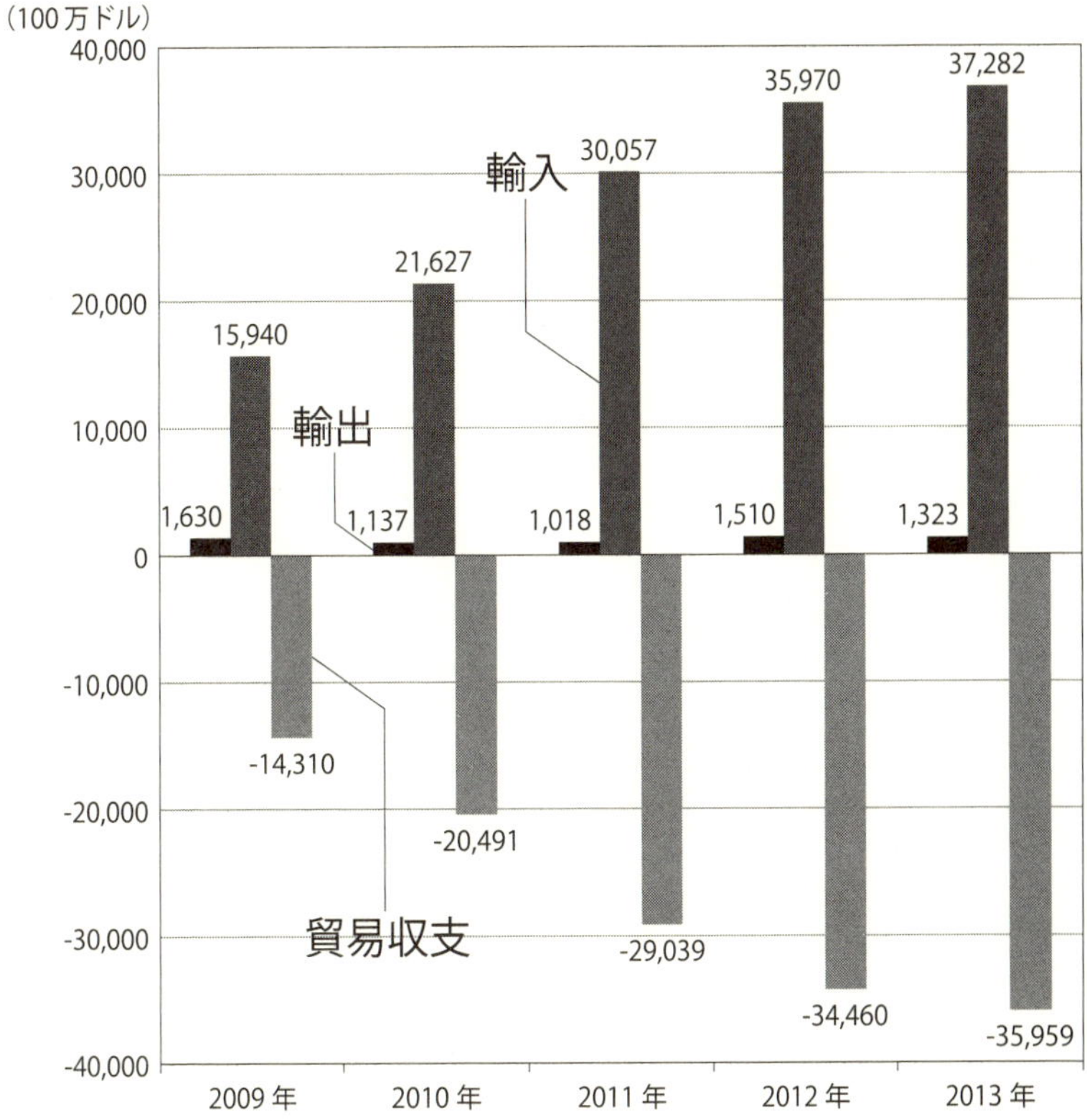

出典：JETRO

たいことに、我が国は一国でカタールの国民所得（GDP）の5分の1近くを「負担」している計算になる。

GDPとは、国民が一定期間に国内で働き、稼いだ所得の合計だ。貿易赤字とは、国民が稼いだ所得の一部が「外国」に移転されていることを意味する。我々、日本国民は、13年に360億ドルの所得をカタールに献上し、それが同国の「所得」の5分の1近くを占めているという話になるわけだ。

無論、カタールは日本国民の所得を受け取る代償として、LNGや原油を我が国に販売している。とはいえ、その多くは「原発再稼働」を実施するだけで不要になる鉱物性燃料なのである。

安倍晋三総理は、14年1月29日参議院本会議での代表質問において、

「昨年（2013年）、原発がないことで化石燃料の輸入に3・6兆円も多く支払った」

と答弁した。我が国の2012年のGDPは473・8兆円であった。原発を再稼働し、電力各社が3・6兆円という「追加的な油・ガス代」を外国に支払うことがなければ、その分だけ「純輸入」が縮小し、我が国のGDPは1％近く押し上げられる計算になる。

3・6兆円という金額が「どれほど巨額か」理解するには、別の数字と比較してもらえ

ばいい。東京―名古屋間のリニア新幹線の建設費「総額」が５・４兆円に過ぎない。５・４兆円を費やすだけで、東京と名古屋の間がわずか40分で結ばれるのである。現在の日本において、東京―名古屋間の移動時間を短縮する経済効果は、まさに計り知れない。最終的な経済効果（ＧＤＰの拡大）は、間違いなく建設費の10倍以上に達するだろう。

それに対し、我が国が「毎年」外国に追加的に支払っている油・ガス代が３・６兆円。しかも、こちらはリニア新幹線建設とは異なり、一回きりの支出ではない。毎年、恐らくは追加的に外国に献上される所得なのである。

現在の日本は、たまたま経済規模が大きく、カタールに代表される中東諸国への「追加的な油・ガス代」を支払うことが可能だ。とはいえ、貿易赤字の拡大は、我が国の国民経済の規模であるＧＤＰを縮小方向に導く。

さらに問題なのは、たとえばカタールに追加的なガス代として支払われた日本の所得は「行きっぱなし」になってしまうということだ。日本が原発を再稼働させないことで追加的に支払われた所得が消費や投資に回るとしても、それは基本的には「カタール国民の所得創出」のために使われることになる。カタール国民が日本の製品やサービスを輸入しない限り、我が国に所得が戻ってくることはない。

我が国には、政府の支出について、中身を見もせず「無駄遣いだ！」と批判する論者が少なくない。しかし、無駄遣いだろうが何だろうが、政府が日本国内で使ったお金は、巡り巡って「国内の誰か」の所得になる。

「子ども手当」は何が問題だったのか

筆者は、かつて民主党が実施した「子ども手当」を厳しく批判していた。理由は、子ども手当が「政府から国民へのお金のプレゼント」に過ぎず、それ自体が国内で誰かの所得を生み出すことはないためだ。くどいようだが、所得とは「誰かが働いて生産したモノやサービス」が購入されたとき「のみ」創出される。お子さんを持つ家計に政府がどれだけ多額のお金を贈与しても、それは単なる「所得の移転」であり、国内で所得が創出されるわけではない。すなわち、日本のGDPは一円も増えない。

無論、子ども手当を贈与された家計が、お金を消費に使えば、「民間最終消費支出」というGDPの需要項目が増える。とはいえ、家計が子ども手当として支給されたお金を使うかどうかは、これは未知数なのである。

現在の日本の国民経済は、デフレという深刻な問題を抱えている。デフレから脱却するためには、誰かが「別の誰かの所得」を創出するようにお金を使い、総需要の不足を埋めなければならない。というわけで、民主党が（直接的には）「デフレ対策（＝総需要創出策）」にならない子ども手当に数兆円ものお金を使い、公共事業という「確実に総需要が創出される」支出を削減することを宣言した以上、批判せざるを得なかったわけだ。日本列島は「コンクリートから人へ（公共投資を減らし、社会保障に充当する）」などといった、世迷言《よまいごと》が通用するような国土ではない。何しろ、世界屈指の自然災害大国なのである。

とはいえ、子ども手当の場合は（デフレ対策として見ると）明らかに「無駄な政府支出」ではあるものの、国内の所得創出に役立つ「可能性はある」わけだ。例えば、政府が5兆円の子ども手当を支出し、それが全額「銀行預金」として眠りについてしまったとしよう。その場合、政府が5兆円もの巨額支出をしたにもかかわらず、ＧＤＰは一円も増えないことになる。

だが、家計が銀行預金として貯めこんだ子ども手当分のお金を、企業が借り入れ、国内の設備投資に使う可能性はあるのだ。あるいは、家計が住宅ローンを組み、自宅を建設するのでもいい。この場合、ＧＤＰ上では「民間企業設備」もしくは「民間住宅」という需要項目が増えることになる。すなわち、日本の経済成長に貢献する。

それに対し、外国に貿易赤字の追加分として献上された日本国民の所得は、そのほとんどが我が国の所得創出のプロセスには戻ってこない。相手国に行ったきりになってしまうのである。

別に、今さら重商主義的な話をしたいわけではないが、それにしても我が国は原発を再稼働するだけで、貿易赤字を3兆円以上も削減できるのだ。さらに言えば、現在の日本は原発を動かしていないため、世界の主要天然ガス産出国から「足元」を見られ、LNGを他国と比べて「割高な価格」で買わされている。

ガス産出国側からしてみれば、何しろ日本側には高かろうが、安かろうが、「天然ガスを購入する」以外の選択肢がないも同然なのだ。当然の話として、彼らは「今がチャンス」とばかりに、我が国に売る天然ガスの価格を吊り上げてくる。

天然ガスの価格は、今現在も上がり続けている。火力発電用のLNGの日本向けスポット取引価格（随時契約価格）は、14年2月末時点で100万BTU（英熱量）あたり20〜20・5ドル。13年9月と比べ、およそ3割も高くなってしまっている（すでにして、欧米諸国の2倍の水準だ）。

原発停止に痛めつけられる日本経済

現在、国内の電力会社は電気料金の値上げを繰り返している。基本料金のみならず、輸入資源価格の高騰を受け、度重なる燃料費調整制度に基づく値上げが行われている。

電気料金の引き上げは、増税と同じだ。ユーザー側は否応なしに支払わざるを得ない費用であり、当然の結果として家計の可処分所得を押し下げる。結果的に、国民の購買力が縮小し、消費や投資が減少すると、デフレ脱却が遠のくことになる。

とはいえ、家計よりも厳しい環境に放り込まれているのが企業、特に中小企業だ。デフレという「利益を出しにくい」状況下で低業績に苦しんでいる中小企業にとって、現在のペースの電気料金引き上げは、

「ただでさえ乏しい利益を、容赦なく削り取っていく」

に等しい。

冗談でも何でもなく、電気料金が引き上げられることで、赤字転落から廃業、倒産に追い込まれる企業が出てきているのだ。電気料金の値上げで企業が廃業、倒産していくと、当然の話として失業者が増え、デフレ脱却という面では後退になる。

また、大手の輸出企業にしても、このまま電気料金の上昇が止まらないとなると、リーマンショック後同様に、生産設備を外国に移そうとするだろう。工場をはじめとする資本が外国に移転されると、やはり国内から雇用の場が消滅してしまう。

すなわち、原発を再稼働せず、外国から膨大なＬＮＧを輸入し続けることは、貿易赤字拡大で日本の国民の所得を削り取る上に、

「家計の購買力を縮小させ、他の製品・サービスに対する消費を減らす」
「電気料金上昇が企業の赤字化を招き、廃業・倒産を増加させる」
「電気料金上昇に耐えられなくなった企業が生産設備を外国に移し、国内から雇用の場が失われる」

と、「所得倍増計画」という視点で見ると、まさに反対方向（＝国民の所得縮小）に導く効果しかないのである。

現下の状況について、筆者も出演した某テレビの討論番組において、

「それは脱原発を実現するために日本国民が甘受しなければならないコストだ」

と言った人がいるが、おかしな話だ。何しろ、電気料金上昇や貿易赤字拡大により、我が国の国民経済の成長が抑制されると、脱原発のために必要な技術開発投資が不可能になってしまう。原発を停止することで、国民の負担が増大している現状は、脱原発をむしろ遅らせているのである。

何しろ、我が国が脱原発を本当に実現したいならば、

「使用済み核燃料の再処理と最終処分」
「福島第一原発をはじめとする、老朽化原発の廃炉」
「安定供給が可能な代替エネルギーの実現」

と、少なくとも三つの技術的ブレイクスルーが必要なのである。

現在の日本には、すでに１万４３４０トンの使用済み核燃料が存在する。使用済み核燃料を再処理し、容積を圧縮し、地層処分を行う「技術」を開発しないことには、脱原発などできるはずがない。また、原発の廃炉技術についても、今後は大々的な投資をしていかなければならない。福島第一原発の廃炉実現一つとっても、膨大な技術投資と歳月が必要になる。

「脱原発派」が「脱原発」を考えていない理由

さらには、「安定供給」が可能な代替エネルギーを用意しなくてはならない。ちなみに、太陽光や風力は著しく安定性に欠けるため、蓄電技術が相当に進化しない限り、原発の代替エネルギーにはなり得ない。そして、街一つを安価に賄うことが可能な実用的な蓄電池は、現時点では存在しない。

要するに、原発推進にせよ、脱原発にせよ、電力分野において大規模な技術開発投資を続けていかなければ、いずれ日本はにっちもさっちもいかない状況に追い込まれかねないのだ。そして、原発を再稼働しないことで、日本の国民経済が痛めつけられれば、電力分野における技術開発投資は先細りにならざるを得ない。結果的に、脱原発も実現できない。

というわけで、日本の国民経済を成長路線に引き戻し、国民の所得を増やし、さらには将来的な脱原発を実現する上でも、現時点で原発を再稼働しなければならないという話なのだ。研究開発のための投資を継続するには、国民経済にある程度の余力がなければならない。すなわち、GDPが安定的に拡大していなければ困難なのである。

それにもかかわらず、

「とにかく原発再稼働は反対だ!」

と脱原発派が主張するならば、彼らは結局「脱原発」について真剣に考えていないと断ぜざるを得ないのである。

エネルギー安全保障

ここまでに、筆者は、

「脱原発を実現したいのならば、原発再稼働と貿易赤字の縮小、GDPの拡大、蓄電技術や代替エネルギーへの投資が必要である」

と書いたが、現実には我が国が「脱原発」をすることは不可能である。理由は、エネルギー安全保障の問題があるためだ。

エネルギー安全保障とは、

「必要なエネルギー（特に「電力」）を必要なときに供給する」

ことを「継続的」に可能にするための一連の政策のことである。電力供給が不安定で、読者が電気を使いたくても使えないといった事態が発生するのを避けるには、事前に適切なエネルギー供給の仕組みを構築することが必要なのである。

エネルギー安全保障の肝は、「多様化」である。例えば、日本周辺で膨大なメタンハイドレート（固形の天然ガス）が採掘可能になったとして、

「エネルギー供給を１００％、メタンハイドレートに依存する」

ことは、エネルギー安全保障上、問題となる。

断っておくが、筆者は別に「日本周辺のメタンハイドレートを採掘する必要はない」と言っているわけではない。メタンハイドレート、大いに結構。政府が莫大な資金を投じる必要があったとしても、日本国産の天然ガス供給源を開発することに意味はある。

ただし、我が国のエネルギー供給をメタンハイドレートのみに「依存」してはならない、と言っているだけである。別に、エネルギーに限らないが、

「何かに依存する」

「どこかの国に依存する」

ことほど、安全保障を脆弱《ぜいじやく》化させる政策はない。

自衛隊のアメリカ依存

一例を挙げよう。現在の自衛隊は、使用する兵器（装備品と呼ぶが）の多くをアメリカから買っている。特に、GPS（全地球測位システム）や情報共有システムなどについて、アメリカに全面的に依存している影響は大きい。アメリカ側は、いざというときに「ソフトウェア」のみで自衛隊の活動を制限することが可能なのである。

湾岸戦争に参戦したイギリス軍は、パトリオットミサイルを一発も発射しなかった。理由は、単に撃てなかったためである。イギリス軍のパトリオットミサイルはアメリカから供給されており、さらに、アメリカのGPSから送られてくる情報を基に動作する仕組みになっていたのだ。湾岸戦争中、アメリカがGPSコードを変更したため、イギリスのミサイルシステムが使用不可能になってしまったのである。

無論、今後の日本が、アメリカと戦争をする可能性は限りなく低い。とはいえ、例えば自衛隊が尖閣諸島をめぐり、中国の人民解放軍と軍事紛争に突入する可能性は普通にあるわけだ。中国と軍事衝突に至ったとき、アメリカがボタン一つで自衛隊側の兵器を無力化できる「可能性がある」となると、安全保障が万全であるとはお世辞にも言えまい。

エネルギー安全保障も同様だ。電力の供給源である資源、エネルギーは、多様化されていればいるほど「安全」になる。ときに、コストや効率を犠牲にしても「安定性」を求めなければならないのが、エネルギー安全保障なのである。

電力の安定供給

電力サービスが厄介なのは、電気の**「在庫できない」**という性質である。読者が利用している電気は、「今、この瞬間に発電されている」ものなのだ。発電所で発電された電気は、送電網、変電所、配電網を経由し、光の速さ（誇張ではない）でユーザーの元に届けられる。

電気はガスや水道とは異なり、「在庫」を利用して需給調整をすることができないサービスになる。すなわち、現在の技術では、十分な蓄電ができないという話である。無論、大型の蓄電池は実用化されつつあり、一部、使われている系統もあるが、前に書いた通り、街一つを賄うことが安価に可能な実用的な蓄電池は、現時点では存在しない。

読者の部屋を照らし、エアコンを稼働させ、パソコンを利用可能としている電気は、**「今、この瞬間に発電されている」**。これが、電力サービスを、他のサービスと比べて難しくしている決定的な要因なのだ。

しかも、電気はあくまで「安定的に」供給されなければならない。富士川以東は50ヘルツ、以西は60ヘルツの周波数で供給されなければ、ユーザー側の電気利用に支障が生じてしまいかねない。例えば、半導体製造などの精密機器工場の製造ラインでは、わずかな電力の瞬断ですら仕掛品を全てダメにしてしまい、数百億円規模の損失を発生させてしまうのである。

無論、電力会社側はユーザーが使用する電気の量を「正確に」知ることはできない（ある程度の見込みはつくが）。電力各社の中央給電指令所では、常に変動を続ける数百万、数千万のユーザーの電力使用量を片目でにらみつつ、各発電所に指示を出し、発電量の調整を続けている（今、この瞬間も）。一般的な電力サービスでは、系統全体のバランスが10％崩れると、周波数が1ヘルツも変動してしまう。1ヘルツの変動は「管理目標値」から外れることになり、「安定的な電力供給」の定義から外れてしまうのだ。

そういう意味で、太陽光発電や風力発電は、エネルギー安全保障の強化には全く役に立たない。何しろ、くどいほど繰り返したいのだが、電気は「安定的に」供給されなければならないのだ。ユーザーの電力需要が伸びてきたことを受け、中央給電指令所が、

「○○太陽光発電所、発電量を最大にまで増やしてほしい」

と、指示を出したとして、

「すみません。空が曇っているため、これ以上の発電はできません」

では、話にならない。電力会社にとって、必要なときに発電できるとは限らず、逆に不要であっても発電し、電気を送り出してくる太陽光や風力発電は、無用の長物どころか「有害」と言っても過言ではないほど厄介な発電技術なのである。

電力の安定供給という点からいえば、最も「安定的に発電可能」な技術は、言うまでもなく原子力発電である。とはいえ、日本の電力供給が過度に原子力に依存してしまうのも、これまたエネルギー安全保障上は問題になってしまう。

老朽化した火力発電所再稼働

たとえば、２０１１年3月11日時点の日本において、電力供給の90％超が原子力発電に依存していたとしよう。その状況で福島第一原発の事故が発生し、ときの内閣が全国の原子力発電所に稼働停止を要請した場合、果たして我が国の電力サービスはいかなる事態に陥っただろうか。

簡単である。各地で大規模な停電が頻発し、経済活動もストップ。国民は発展途上国さながらに「乏しい電力」の下で生きていくことを余儀なくされただろう。

菅直人内閣が２０１１年5月6日、法的根拠なく中部電力の浜岡原発を停止させ、全国各地の原発の再稼働が困難な「空気」を作り上げた結果、我が国の稼働原発はゼロになってしまった。あの時期、電力各社に火力発電の予備が存在していなかったならば、我が国が先進国の座から転げ落ちる羽目になっていたのは確実だ。

幸いなことに、2011年時点の我が国のエネルギーミックス（後述）における原子力発電の割合は、28％程度だった。しかも（これまた幸運なことに）、各電力会社は老朽化した火力発電施設について、稼働は停止させたものの、未だ取り壊さずにいた。

菅内閣の〝暴挙〟を受け、各電力会社は老朽化した火力発電所を再稼働。原発を動かすことができない中、現在も何とか国民の電力需要を満たし続けている。とはいえ、火力発電への依存が高まった結果、当然の話としてLNG（液化天然ガス）や原油の輸入が急増。貿易赤字を拡大させ、莫大な日本国民の所得流出を招いていることは、すでに解説した通りである。

現在の日本では、老朽化し、本来は閉鎖されていてもおかしくない「高齢」の火力発電所が、原油やガスをドカ食いしながらエネルギー供給を支えている。当たり前だが、老朽化した火力発電所はトラブルが頻発し、各電力会社は薄氷を踏むようなサービス供給を迫られているというのが現実だ。

火力発電所のトラブルとは、たとえば蒸気タービンの容器の亀裂、劣化した蒸気配管からの蒸気漏れ、制御回路の故障などになる。特に、制御回路が故障すると、電力会社側に予備がない限り、発電不能になる可能性が高い。何しろ、古い発電所が大半のため、制御関係の部品はメーカーすら作っておらず、一度壊れると、「手の打ちようがない」システムが少なくないのである。

沖縄電力を除く9電力会社が保有する、運転開始後40年超の老朽火力発電設備の「計画外停止」の件数は、２０１０年度が１０１回、２０１１年度が１２７回、２０１２年度が１６８回と、着実に増え続けている。

２０１３年度、日本の電力供給の20％（２８４１万キロワット時）を運転開始後40年超の火力発電所が支えているのだ。恐るべき事態としか言いようがない。本書執筆時点で、我が国のエネルギーミックスは崩壊している。

エネルギーミックス

エネルギーミックスとは、各発電設備の特性を踏まえ、経済合理性（コストパフォーマンス）、供給の安定性などを考慮した電源構成の組み合わせのことである。何しろ、発電技術には水力発電、火力発電、原子力発電、揚水発電、地熱発電、太陽光発電、風力発電など、様々な種類がある。火力発電一つとっても、燃料によってＬＮＧ火力、石油火力、石炭火力と、三種類あるのだ。さらに、同じＬＮＧ火力であっても、旧型の火力発電と、新型のコンバインドサイクル火力発電とでは、技術やコストパフォーマンスが異なる。原子力発電も、大きくＰＷＲ（加圧水）型とＢＷＲ（沸騰水）型に分かれる。

それぞれの発電技術の特性を理解し、我が国の「エネルギー安全保障」上、最も適切な組み合わせを探る。これが、エネルギーミックスだ。

単純に「安定性」だけを考えるのであれば、原子力発電に偏ったエネルギーミックスにすればいい。あるいは、コストを度外視し、かつ脱原発的なエネルギーミックスを構成するとなると、火力発電（特にＬＮＧ火力）の割合が極端に高いエネルギーミックスになるだろう。

エネルギーミックスを構築する際には、エネルギー安全保障に加えて、

「安定性」「経済性」「環境性」

など、様々な要因を巧くバランスさせることを考えなければならない。理想は「最も安価」「最も安定的」「最も環境に優しい」「最もエネルギー安全保障が強化される」組み合わせだが、各項目にトレードオフの関係があるため、実現はなかなか難しい。

安定性「のみ」を追求するならば、先述の通り、日本の電力供給を１００％原子力発電にしてしまえばいいのだが、エネルギー安全保障上の観点からは最悪だ。あるいは、経済

性を追求して石炭火力の割合を高めると、環境性は下がらざるを得ない。

いずれにせよ、エネルギーミックスのバランスについて、竹を割るようにスパッと決定することはできない。あくまで、その時点の発電技術、天然資源の価格、地政学的環境に応じて「試行錯誤」をしていかなければならないのだ。

というわけで、具体的に我が国のエネルギーミックスを見てみよう。


次ページ図４－３の通り、オイルショック（１９７３年）時点の我が国のエネルギーミックスは、極端なまでに石油・ＬＰＧ（液化石油ガス）依存になっていた。電力供給の７割以上が石油・ＬＰＧだったところに、オイルショックが襲い掛かったわけだ。日本中がパニックに陥ったのも、無理もない話である。

オイルショックを経て、日本はエネルギーミックスのバランスを追求し始める。結果的に、２０１０年には石炭、原子力、ＬＮＧがそれぞれ３割弱、水力と石油・ＬＰＧが１割弱という、それなりにバランスがとれたエネルギーミックスを実現したのである。

ところが、福島第一原発の事故、そして菅直人政権の**「法的根拠に基づかない原発停止」**推進が状況を一変させた。今や、我が国の電力供給は９割近くが火力発電（特にＬＮＧ火力）に担われているという、とんでもない状況に陥っているのだ。

【図4-3　日本の電源別発電電力構成比の推移】

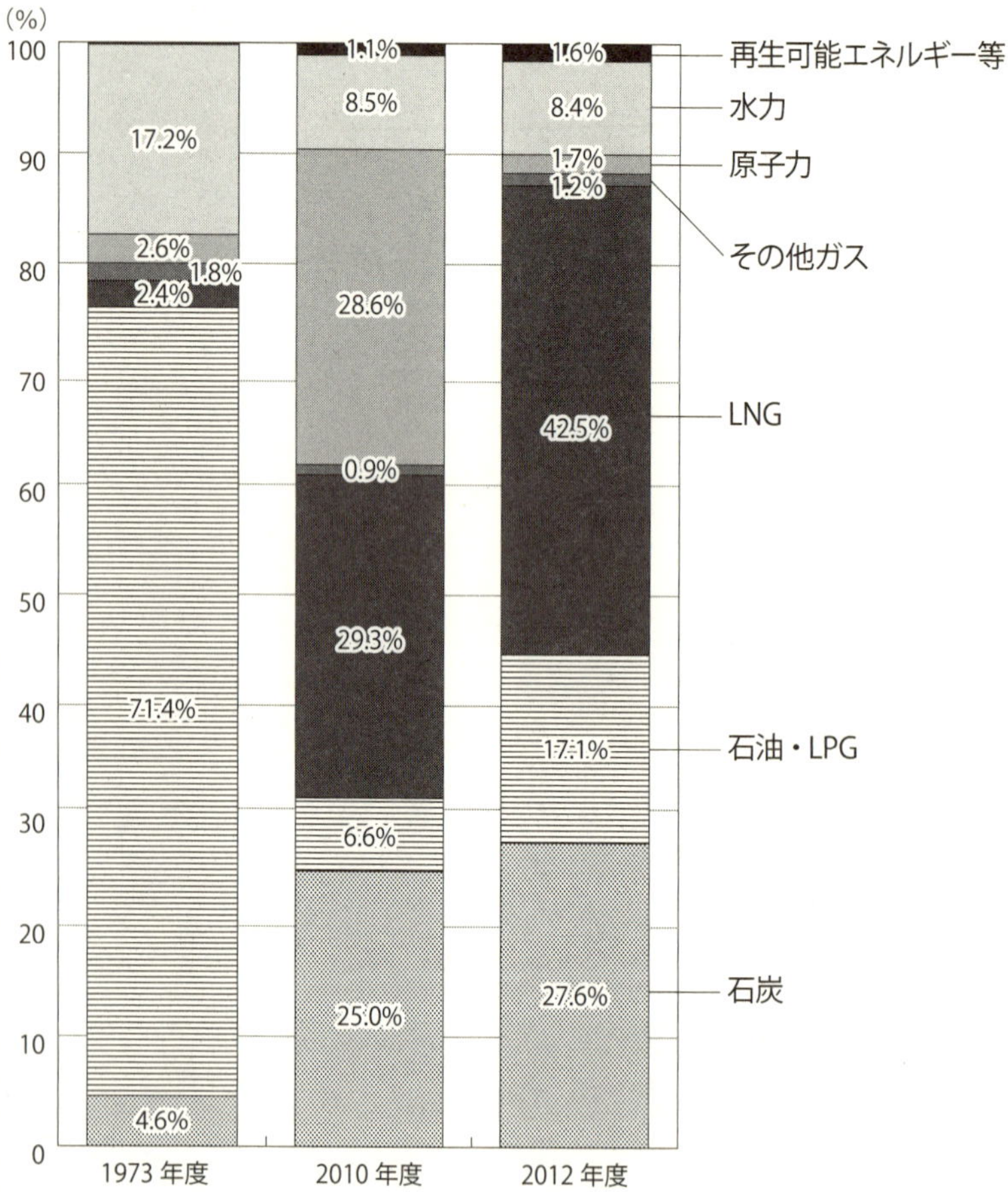

出典：資源エネルギー庁

この状況を受けてなお、**「原発を停めていても、火力発電で電力を供給できているのだから、いいじゃないか」**と考えたとしたら、その人はエネルギー安全保障を**「全く理解していない」**と断言できる。何しろ、メタンハイドレートが未だ商用ベースに乗っていない以上、我が国の鉱物性燃料資源の自給率はゼロに近いのだ。

老朽火力発電所の問題は脇に置いたとしても、現在の日本のエネルギー自給率は４％台に過ぎない。我が国で消費される電力の95％超は「外国からの輸入」に頼っているのである。

エネルギー自給率４％とは、いかなる状況なのか。

ウクライナ紛争の教訓

現在、ウクライナで進行中の紛争において、ロシアは容赦なく「天然ガスの供給者」という立場を活用し、外交的な攻勢をかけている。ロシアの天然ガスや原油に依存しているのはウクライナに限った話ではなく、ほとんどのヨーロッパ諸国が似たような環境に置かれている（特にロシアへの依存度が高いのが、フィンランドなど）。

ドイツにしても、天然ガスの40％、石油の35％をロシアから輸入している。今後、エネルギー需要が高まる冬が近づくにつれ、欧州諸国はロシアとの融和路線を求めるようになり、オバマ政権が対ロシア強硬姿勢を貫こうとすると、むしろアメリカのほうが「孤立」してしまうことになると予想する。

ソ連崩壊後、ドイツのコール元首相などが音頭を取り、ロシアの天然ガスを欧州に運ぶパイプラインへの設備投資が拡大した。結果的に、欧州諸国はロシアから「安定的」かつ「安価」に天然ガスを輸入することが可能になったのだが、逆に言えば、

「ロシア側がパイプラインを止めたとき、欧州側に代替手段がない」

状況が実現してしまったのである。これが、LNGの状態でガスを買っていたならば、

「ロシアが売らないのなら、中東から買う」

などの代替購入が可能だが（値段は上がるが）、何しろ「パイプライン」である。LNGの受け入れ設備も、運搬船も持たない欧州諸国は、最終的にはガスの供給国であるロシアと妥協せざるを得ない。さもなければ、今冬に国民が凍える羽目になりかねないのだ。

アメリカがいかに強硬路線を叫んでも、欧州諸国はロシアと決定的な対立構造になることを避けようとするだろう。安全保障（エネルギー安全保障）を他国に委ねるとは、そういう話なのだ。

天然ガス依存の「現実」

ところで、我が国も原発を停止していることもあり、天然ガス依存が高まっている。もっとも、我が国は幸い（？）なことに島国なため、ロシアなどの大陸諸国からパイプラインでガスを購入しているわけではない。パイプラインでは、ガスの元栓を閉められると一巻の終わりだが、ＬＮＧは**「別の国から買う」**という選択ができる。

日本は天然ガスを、液状に加工したＬＮＧで「海の向こう」から運んで来ている。原発再稼働がままならない以上、電力会社はＬＮＧの運搬能力の向上に全力を尽くしている。さもなければ、日本のエネルギー安全保障は脆弱化せざるを得ないためだ。

長崎の三菱重工業長崎造船所香焼《こうやぎ》工場では、現在、中部電力などが発注した次ページ写真4－1巨大ＬＮＧ運搬船、通称「さやえんどう」の建造、艤装《ぎそう》が進んでいる。

筆者は実際に長崎まで「さやえんどう」の取材に行ったのだが、とにかく巨大だった。巨大すぎて、遠景でなければカメラのフレームに収まり切らない。

長さ288メートル、幅49メートル。直径42メートルの球形タンクを四つ搭載し、最大15万3000立方メートルのＬＮＧを運搬可能。

【写真4-1　巨大LNG運搬船、通称「さやえんどう」】

撮影：筆者

タンクを白い長方形状のアルミ製カバーで覆い（これが「さやえんどう」の由来）、外洋で風の抵抗を受けにくい形とし、従来型より燃費は25％改善。さらに、タンクをカバーで覆うことで強度を持たせ、軽量化も実現した。

さて、そろそろ本章の「オチ」を書きたいのだが、これほどまでに巨大なLNG運搬船を満杯にして、中東やアメリカ、豪州などからLNGを運んできたとして、一般的な火力発電所が発電する際の燃料を、どれくらいの期間賄うことができるだろうか。

日本全国ではなく、電力会社の管区全体でもない。「一発電所」の燃料を、どれほど供給できるかという話である。

答えは、**「1週間」**だ。

300メートル近い巨大LNG運搬船で、何週間もかけてLNGを日本に運んできて、一火力発電所において1週間で使い切る。これが、エネルギー自給率5％未満の国の現実なのだ。

エネルギー安全保障を無視し、

「脱原発」「反原発」

などと主張している日本国民には、是非ともこの「現実」を素直に受け止めてほしい。

第5章

国内の需要を拡大し、日本企業の供給能力を高める

日本経済の中心は「国内需要」である

日本の「企業数」に占める中小企業・小規模事業者の割合は、何と99・7％（2012年時点）だ。従業員数の割合でみると、およそ7割になる。実のところ、我が国の「雇用の主たる担い手」は、大企業ではなく中小企業なのである。

ちなみに、中小企業の定義は業界によって異なり、

「製造業は、資本金3億円以下または従業員数300人以下」
「卸売業は、資本金1億円以下または従業員数100人以下」
「小売業は、資本金5000万円以下または従業員数50人以下」
「サービス業は、資本金5000万円以下または従業員数100人以下」

と、なっている。

現在の安倍政権は、明らかに「グローバル市場」「グローバル企業」を中心に政策を打ち出しているが、それでは多数派の日本国民の「所得倍増」など夢のまた夢になってしまう。何しろ、日本の労働人口の7割は中小企業で働いているのだ。

もちろん、中小製造業の市場が「グローバル」というケースもあるにはあるだろう。しかし、製造業で働く就業者は1992年10月（1603万人）をピークに減少していって

おり、２０１２年12月には51年ぶりに１０００万人を割り込んだ。その後、１０００万人を回復したものの、２０１４年２月時点で１０３４万人に過ぎない。

日本の全就業者数は６２８３万人であるため、製造業で働く人の割合は全体の16・５％ということになる。すなわち、我が国の就業者の８割以上は非製造業で働いており、主な標的市場は「国内」になるのだ。

勘違いしている日本国民が本当に多いのだが、我が国は別に「輸出依存国」でも「貿易立国」でもない（ついでに書くと、輸入依存国でもない）。そもそも、「輸出依存国」や「貿易立国」といった曖昧なフレーズを使う場合は、その数値的な意味をきちんと理解する必要がある。

無論、筆者は、

「日本が輸出をしていない」
「日本が貿易をしていない」

といった、極論を言いたいわけではない。とはいえ「依存国」「立国」といった用語を使うならば、数値データを用いて相対化をしなければ、「真実」は見えてこない。

次ページ図５－１の通り、日本の輸出依存度（＝財の輸出÷名目ＧＤＰ）は13・４％、貿易依存度（＝（財の輸入＋財の輸出）÷名目ＧＤＰ）は28・３％に過ぎない。日本はアメ

【図5-1　主要国の輸出依存度・貿易依存度（2012年）】

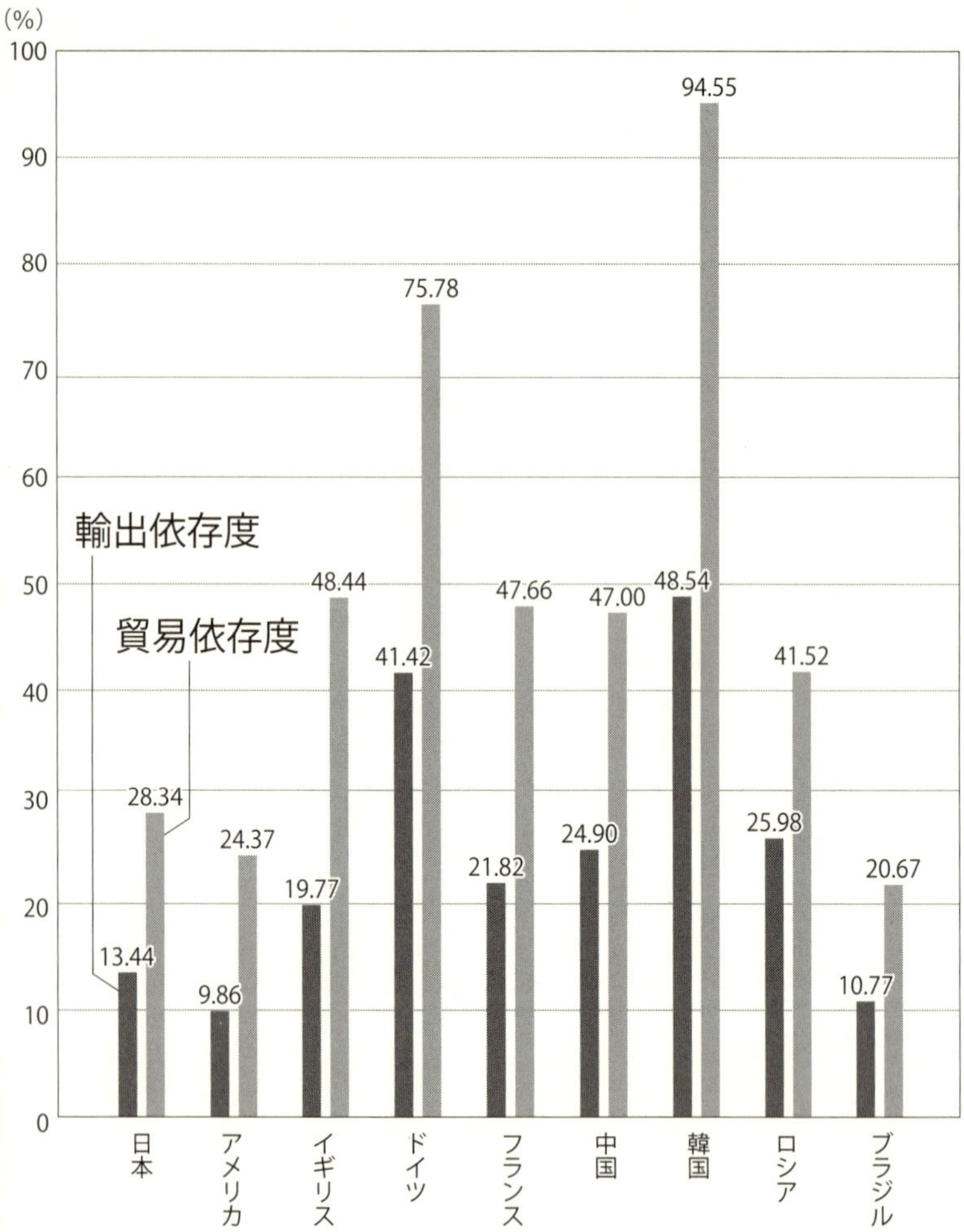

出典：JETRO

リカやブラジルと並び、主要国の中で、

「経済が輸出や貿易に相対的に依存していない国」

なのである。

すなわち、日本の国民経済は「グローバル市場」ではなく、「国内市場」に大きく依存していることになる。ドイツや韓国並みに輸出依存度や貿易依存度が高いならともかく、内需が大きな我が国が、何故に経済成長を「グローバル市場」に委ねなければならないのか。

一応、断っておくが、筆者は別に、

「輸出企業は、日本経済の成長に貢献していない」

あるいは、

「グローバル市場など、どうでもいい」

と、主張したいわけではない。グローバル市場に製品を売り込む輸出企業も、当然ながら日本経済の成長に大きく貢献している。

単に、日本経済は「相対的」に、グローバル市場に依存するところが小さい、という「事実」を述べているに過ぎない。我が国が内需中心の国民経済を実現している以上、経済成長は、

「いかに日本国内の需要を拡大し、日本企業の供給能力を高めていくか」に主眼が置かれるべきなのである。すなわち、日本国民と国内の中小企業こそを、成長の「要」とする必要があるわけだ。

的外れな安倍政権

それにもかかわらず、安倍晋三政権は我が国が「グローバル市場」に頼らなければ、あるいは「外国企業」の力を借りなければ、経済成長することができないと思い込んでいるふしがある。無論、総理の心中を正確に読み取ることはできないが、少なくとも安倍政権が「第三の矢」として打ち出した成長戦略は、ほぼ全てが「グローバル市場」におけるシェアを拡大することを目指す政策だ。あるいは、外国企業に「投資してもらう」ための政策、すなわち発展途上国用の処方箋ばかりが目立つのである。

典型的な政策が「国家戦略特区」になる。国家戦略特区とは、特定の地域を「特区」として指定し、各種の規制緩和を実施。外国企業の投資を呼び込み、経済を成長させようという、典型的な発展途上国型政策だ。

さらに、安倍内閣が推進する「無条件の法人税減税」も、これまた発展途上国向けの政策である。法人税減税とは、自国に資本が蓄積されておらず、企業も育っていない国が、外国資本を呼び込むために取る施策だ。

何が悲しくて、世界最大の対外純資産国、すなわち「お金持ち国家」である日本が、特区や法人税減税といった発展途上国型政策を打ち、外国企業に投資して「頂かなければ」ならないのだろうか。日本は国内に企業も、技術も、人材も、そして資金もふんだんに蓄積している。問題は、これらの経済リソースが、デフレで「動いていない」ことなのである。外国企業に経済成長を委ねる必要など全くない我が国が、「法人税の国際的な引き下げ競争」に参加するというのは、あまりにも的外れだ。

そもそも、日本の企業の7割超は赤字で、法人税をほとんど支払っていない。無論、赤字企業の割合は、大企業よりも中小企業の方が多い。何しろ、デフレで内需が拡大しないわけだから、中小企業の業績が伸び悩んで当然だ。

そんな現在の日本で法人税を減税したところで、国内の雇用の7割超を担う中小企業の多くに恩恵は及ばない。無条件の法人税減税は、グローバル市場を標的とする大企業に有利な経済対策なのだ。

日本政府が法人税減税を実施すると、グローバル企業を中心に一部の企業の純利益が増える。とはいえ、企業は「政府の政策」で増加した利益について、別に国内の設備投資や人材雇用に振り向ける義務はない。内部留保（預金）に回しても、株主への配当金の源泉としても、あるいは対外直接投資（外国への投資）に使っても構わないのだ。

企業が法人税減税によって増加した利益を国内の投資や雇用に回してくれるのならば、日本国民の所得が増える。つまりは、GDP成長に貢献する。

だが、内部留保はともかく、利益を外国人投資家への配当金支払いや対外直接投資に回してしまうと、日本国民の所得は全く増えない。

法人税減税により企業が「得」をしたとき、反対側に必ず「損」をする人が出てくる。すなわち、日本国民だ。何しろ、日本政府は法人税減税により税収が減る分、国民から別の税金（消費税など）を徴収するか、あるいは政府支出を削るしかない。いずれにせよ、日本国民の損になる。

日本国民が損を引き受けている以上、企業には減税によって得た利益を「国内の投資」や「国内の雇用」に使ってもらう必要がある。というわけで、筆者はしつこいほど、

「法人税を減税するならば、設備投資減税や雇用減税に限定するべき」

と、繰り返してきた。企業が国内に設備投資を実施し、あるいは人材を雇用した際に「のみ」法人税を減税すればいいのだ。設備投資減税や雇用減税であれば、政府と国民が減税という形で損をした反対側で、必ず「国内」で所得や雇用が創出される。

「成長を放棄」したのも同然

ところが、安倍政権は無条件の法人税減税路線をひた走っている。法人税減税の理由について、日本政府は、

「法人税を引き下げることで、日本企業の投資を増やす」

「法人税を引き下げることで、外国企業に投資をしてもらう」

と説明しているが、本当に前者（日本企業の投資を増やす）が目的ならば、設備投資減税にすれば済む話だ。なぜ、無条件で法人税を減税するのだろうか。

また、後者が真の理由だとすると、先述の通り発展途上国型政策になるが、そもそもデフレで日本企業すら投資を拡大しない我が国に、法人税を少々引き下げたところで、外資の流入が増えるとは思えない。さらに言えば、政府自ら公共投資の削減を続け、96年のピーク（約45兆円）から半分の水準にまで投資額を引き下げている国、つまりは「成長を放棄」したのも同然の日本に、外国企業が長期の投資をするはずがない（短期的な証券投資は増えるかもしれないが）。

読者が株式投資をするとして、経営者が、

「我が社は成長する気はない。よって、設備投資は増やさない」

と宣言している企業の株式を、購入する気になるだろうか。97年の橋本龍太郎政権以降、公共投資をひたすら減らし続けた日本は、政府自ら「成長しない宣言」をしていたのも同然なのである。

すでに安倍政権は、復興特別法人税の廃止という無条件の法人税減税を実施している。この上、さらに法人税の実効税率を切り下げることを検討しているわけだ。

図5－2の通り、98年のデフレ深刻化以降の日本の民間企業は、設備投資を増やしていない（むしろ、減らしている）。その反対側で、対外直接投資は4倍にまで拡大したのだ。これが、現実だ。

安倍政権が法人税を減税したところで、日本の主力である中小企業にはほとんど恩恵が行き渡らない。さらに、恩恵を受けるグローバル企業は減税分を対外直接投資に使ってしまう可能性が高い。その場合、日本国民の所得拡大や雇用促進には全く貢献しないのである。

それでも構わない、と、安倍政権は主張するのかもしれない。何しろ、安倍政権は13年7月時点で、GDPではなくGNI（国民総所得）を10年後までに150万円以上増やす「成長戦略」の目標を表明している。

【図5-2　日本の民間企業設備と対外直接投資】

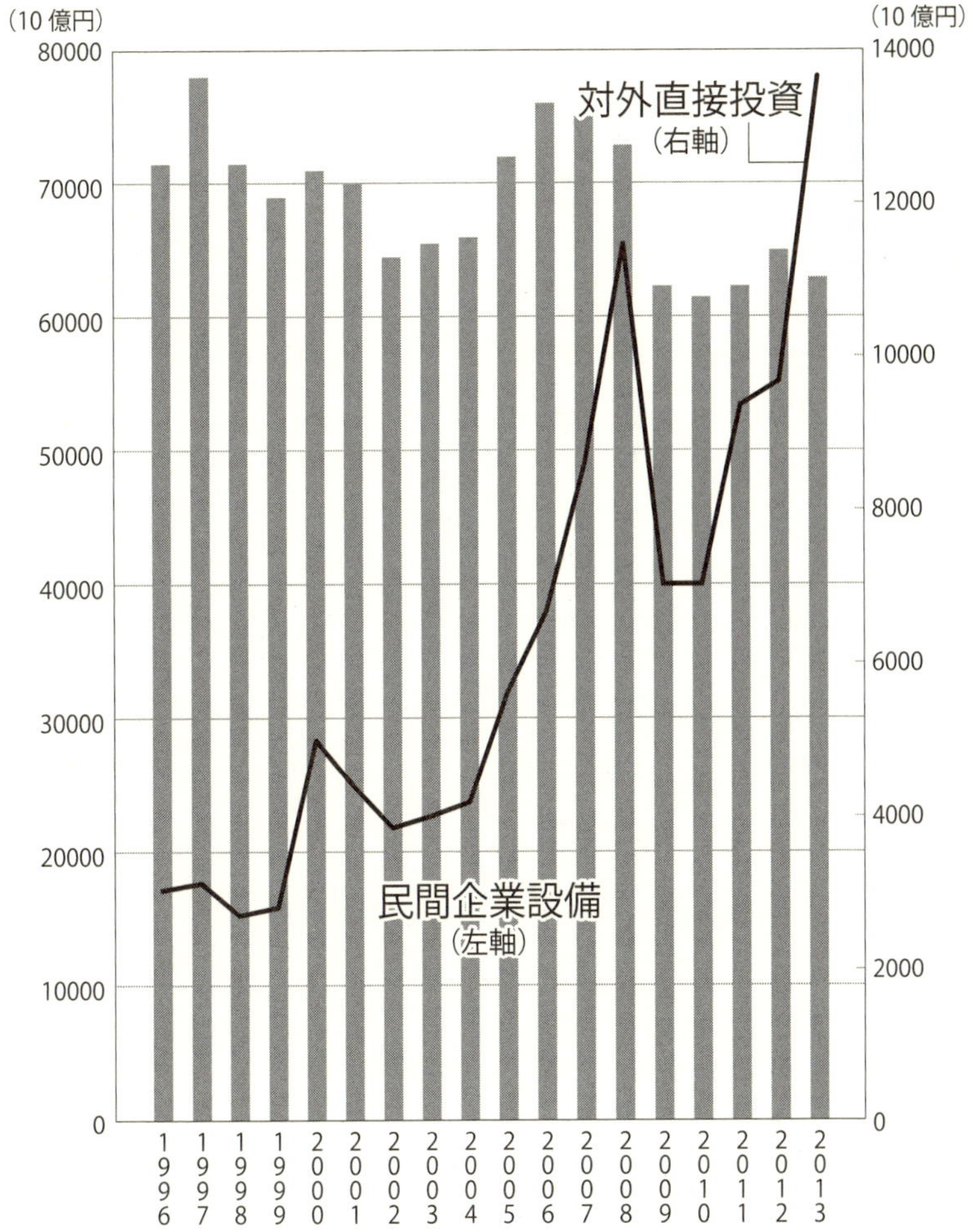

出典：内閣府、財務省

GNI（国民総所得）を知る

GNIとは「Gross National Income」の略で、日本語では国民総所得と訳される。ちなみに、GDPは「国内」総生産だ。

三面等価の原則により、GDPは国内の「総生産」であると同時に、「総所得」をも示している。とはいえ、何しろ「国内」総所得であるため、日本国内で外国人が稼いだ所得もGDPとしてカウントされてしまうのだ。あるいは、日本国民が外国で働いて稼いだ所得は、日本のGDPにカウントされない。

さらに、所得の中には、

「外国が日本に保有する資産に対し、支払われた配当金、金利」
「日本が外国に保有する資産に対し、支払われた配当金、金利」

もあるわけだ。例えば、日本企業がアメリカに建設した工場で生産活動が実施され、配当金が支払われたとき、それは「日本国民の所得」として統計される。

繰り返しになるが、日本は対外純資産が325兆円に達する、世界一のお金持ち国家だ。第4章の経常収支の解説の項でも触れたが、我が国が外国に保有する膨大な資産から、毎年、配当金や金利といった「所得」が国内に流入してくる。世界最大の対外純資産国である以上、日本に流入する所得は巨額であり、2013年の所得収支の黒字額は16・5兆円に達した。

というわけで、GDPから、

「日本で働く外国人に支払った給与所得、および外国が日本に保有する資産に対し支払われた配当金、金利」

を控除し、逆に、

「日本人が外国で稼いだ給与所得、および日本が外国に保有する資産に対し支払われた配当金、金利」

を加算したものをGNI、国民総所得と呼ぶわけだ（計算式を書いておくと「GNI＝GDP＋所得収支＋経常移転収支」となる）。

安倍政権は、GDPではなくGNIの目標値を掲げた。これは、かなり決定的な事実である。何しろ、GNIは日本企業が外国に投資し、配当金や金利として所得が日本に流入してくる「のみ」で増える。

GDPが全く成長していないにもかかわらず、企業の対外直接投資拡大で所得収支の黒字が増えさえすれば、目標を達成できることになる。だが、その場合、国内の雇用はどうなるのか？　何しろ、国内の雇用が全く増えておらず、一般国民が貧困化していった場合であっても、企業の対外直接投資と所得収支の黒字が増えるだけで、目標は達成できるのだ。

あるいは、日本の金融サービスに磨きをかけ、対外資産の運用利回りを改善することでも、目標を達成することは可能だ。この場合も、やはり日本国内の雇用は全く増えない。また、一部の日本国民が金融サービスで巨額の所得を稼ぐことになるため、国内の所得格差が広がりかねない。

さらに、GNIの増額を目標にしてしまうと、我が国のデフレが継続し、国内でモノ、サービスが購入されず、国内市場が拡大しないにもかかわらず「目標達成」ということもあり得る。国内市場が低迷し、中小企業の業績が振るわず、国民の貧困化が続いていようと、グローバル企業の「外国における業績アップ」でGNIが膨らむ可能性まであるわけだ。

安倍政権がGDPではなくGNIを目標に設定しているとなると、無条件の法人税減税という政策が腑に落ちる。条件を付けずに法人税率を引き下げると、企業は拡大した利益を国内ではなく海外に投じてしまうかもしれない。とはいえ、それでも構わないのだ。何しろ、目標がGNIであるため、企業が対外直接投資を積み増し、所得収支の黒字が増えれば、目標達成に近づく。

国内を主な標的市場とする日本の中小企業が成長するためには、我が国のデフレが解消し、日本国民の購買力が拡大する必要がある。ＧＮＩではなくＧＤＰを目標に据えれば、「国内で働く」日本国民の所得を増やす必要が生じ、政府は国内の雇用改善と賃金上昇のための政策を実施することになるだろう。だが実際には、安倍政権はＧＤＰではなくＧＮＩ、つまりは「企業が外国で稼ぐ所得」による成長を目指しているわけだ。

一貫して間違っている安倍政権の労働政策

というよりも、現在の日本政府が推進する各種の労働政策を見る限り、安倍政権はそもそも「日本国民が豊かになること」を望んでいないようにすら思えるのだ。何しろ、安倍政権の労働政策は、「日本国民の実質賃金を高める」という点では、見事なまでに一貫して間違っている。

安倍政権が推進する各種の労働政策を一言で書くと、

「規制緩和により労働市場に新たな労働者を放り込み、労働者間の競争を激化させることで実質賃金を下げる」

というものになる。

日本国民は97年に橋本政権が緊縮財政の強行というミスを犯した結果、15年以上もの長きにわたるデフレによる実質賃金の低下、つまりは「貧困化」に苦しめられた。「デフレ脱却」を標榜して誕生したはずの第二次安倍政権が、驚くほどの熱心さで実質賃金を引き下げる政策を推進しているわけだから、呆れ果ててしまう。

具体的に書くと、まずは配偶者控除の見直しにより、主婦の「低賃金労働市場」への参加を促進。派遣社員の受け入れ期間上限を「廃止」することで、企業の「正規社員から派遣社員への切り替え」を後押し。労働移動支援助成金を拡大し、大企業にも適用可能とすることで、企業の人員解雇を促進。労働時間規制の緩和（いわゆるホワイトカラー・エグゼンプション）、そして、極め付きが「移民年間20万人受け入れ」や、外国人技能実習制度の期間延長（3年から5年へ）である。

企業のリストラを容易にし、派遣労働の規制を緩和。労働市場に主婦や外国人労働者など「新たな労働者」を供給することで、競争を激化させる。結果的に、賃金水準は抑制され、企業は人件費を節約でき、グローバル市場における「国際競争力」、要は「価格競争力」が高まる、という論法だ。政府の経済財政諮問会議で検討が始まっている「移民年間20万人受け入れ」の理由も、表向きは「今後100年間、人口の大幅減を避けるため」となっているが、現実には「現在」の実質賃金の引き上げを防ぐためなのである。

結局のところ、経済政策構築において「大本の思想」を間違えると、全てが間違ってしまうという話だ。ここでいう「間違ってしまう」とは、問題解決にならない政策が推進されるという意味になる。

本来、安倍政権は日本経済の「主役」である中小企業を成長戦略の中心に置き、労働者の実質賃金を引き上げ、国民の購買力を高めることで内需拡大を目指すべきなのだ。ところが、現実には「法人税（無条件）減税」「GNI目標」「国家戦略特区」「実質賃金を切り下げる労働規制の緩和」など、グローバル企業に有利な政策ばかりが推進されている。

安倍政権が現在の路線を突き進む限り、日本国民の所得は倍増するどころか、漸減していくことになるだろう。

道州制とユーロ

安倍晋三政権は、国家戦略特区を推進すると同時に、ついに道州制についても議論を始めた。「字義的」な意味通りの道州制を我が国が本当に導入した場合、国家戦略特区以上に、地方経済にとって致命的になるだろう。

念のため書いておくが、自民党の言う「道州制」がいかなるものか、未だ実態は明らかにされていない。本書で取り上げるのは、あくまで「字義的」な道州制である。すなわち、新古典派経済学的な道州制である。

道州制とは、日本の都道府県を10程度の道州に再編し、各道州に税源と権限を委譲。これによって道州同士が「市場競争」を展開することで、効率的な地方自治が実現できる、という「アイデア」なのである。

これだけ聞くと、何となく、

「各道州が競争することで、効率が良くなり、素晴らしい」

という感想を抱くかもしれない。とはいえ、現実に日本の道州が「市場」で競争を繰り広げると、確実に「勝ち組道州」と「負け組道州」に分かれていく。負け組となった道州は、経済が低迷し、当然ながら税収も減る。税収が減ると、インフラや各種の公共サービスに道州政府が十分な支出をできなくなり、人口の流出を招く。

各道州が「同じ条件」で競合すると聞くと、一見、公正なようにも思える。だが、国家とはそういうものではない。

道州制を採用した日本が、いかなる未来を迎えるのか。実は、現在のユーロを見れば、想像がつくのである。

ユーロ圏では、各加盟国が互いに「関税」を撤廃し、サービスの制度も統一。人間（労働者）や資本の移動も自由化し、さらには「通貨」も統一。各国が同じ条件で市場競争を繰り広げ、見事なまでに「勝ち組国家」と「負け組国家」に分かれていった。

勝ち組はもちろんドイツ（及びオランダ）で、負け組がギリシャ、スペイン、ポルトガルなどの南欧諸国である。勝ち組のドイツは貿易黒字に牽引《けんいん》され、経常収支全体も黒字化（ドイツは2001年まで経常収支赤字だった）。元々、生産性が極めて高いドイツは、南欧の低生産性諸国に自動車をはじめ、様々な製品を売り込んでいく。対する南欧諸国側は、関税や為替レートにより自国市場を「防御」することができず、ひたすら対独貿易赤字を拡大していった。

すでに解説しているが、貿易収支とは経常収支の一部である。ユーロ主要国の経常収支の推移を見ると、あまりにも偏った状況になっており、非常に興味深い。

先述の通り、ドイツは2001年までは経常収支赤字国だった。1999年1月1日に決済通貨としてユーロが導入され、2002年1月1日には現金通貨としての共通ユーロの流通が各国で始まる。

結果的に、ドイツはいきなり経常収支黒字国に転換。2009年のユーロ危機勃発まで、ドイツ、オランダという「勝ち組」がひたすら黒字額を拡大し、反対側でスペイン、ギリシャ、ポルトガル、イタリアなどの「負け組」の赤字額が膨らんでいった。

繰り返すが、ユーロ諸国は互いに関税を撤廃し、国境を越えたモノの移動を自由化している。さらに、サービスの制度も統一。資本（カネ）や労働者（ヒト）の移動も自由化し、加えて通貨を共通としている。

すなわち、各国が**「国境」**という防壁を取り払い、統一ルールの下で競争した場合、必ず生産性が高い国が勝つことになる。ユーロでいえば、独蘭両国だ。

09年以降は、負け組の欧州諸国の経常収支赤字が急収縮している。もはや、南欧諸国にはドイツなどからの輸入を拡大することはできない、という話だ。とはいえ、09年以降も独蘭両国の経常収支の黒字拡大傾向は続いている。特に、12年以降のドイツやオランダは、市場をユーロ圏内からユーロ圏外にシフトさせたということになる。

統一ルールの下での勝者と敗者

共通通貨ユーロとは、体重差を無視し、ミニマム級のボクサーとヘビー級のボクサーが、同じリングで統一ルールに基づき戦うようなものと譬《たと》えることができる。当たり前の話として、試合をすれば、ヘビー級ボクサーが勝ち、敗者となったミニマム級ボクサーは**「自己責任」**とされる。

図5－3の通り、ユーロ圏のヘビー級であるドイツは、ユーロ導入により経常収支を黒字化し、さらに黒字幅を拡大していった。当然の話だが、どこかの国の経常収支が黒字に

【図5-3　ユーロ主要国の経常収支の推移】

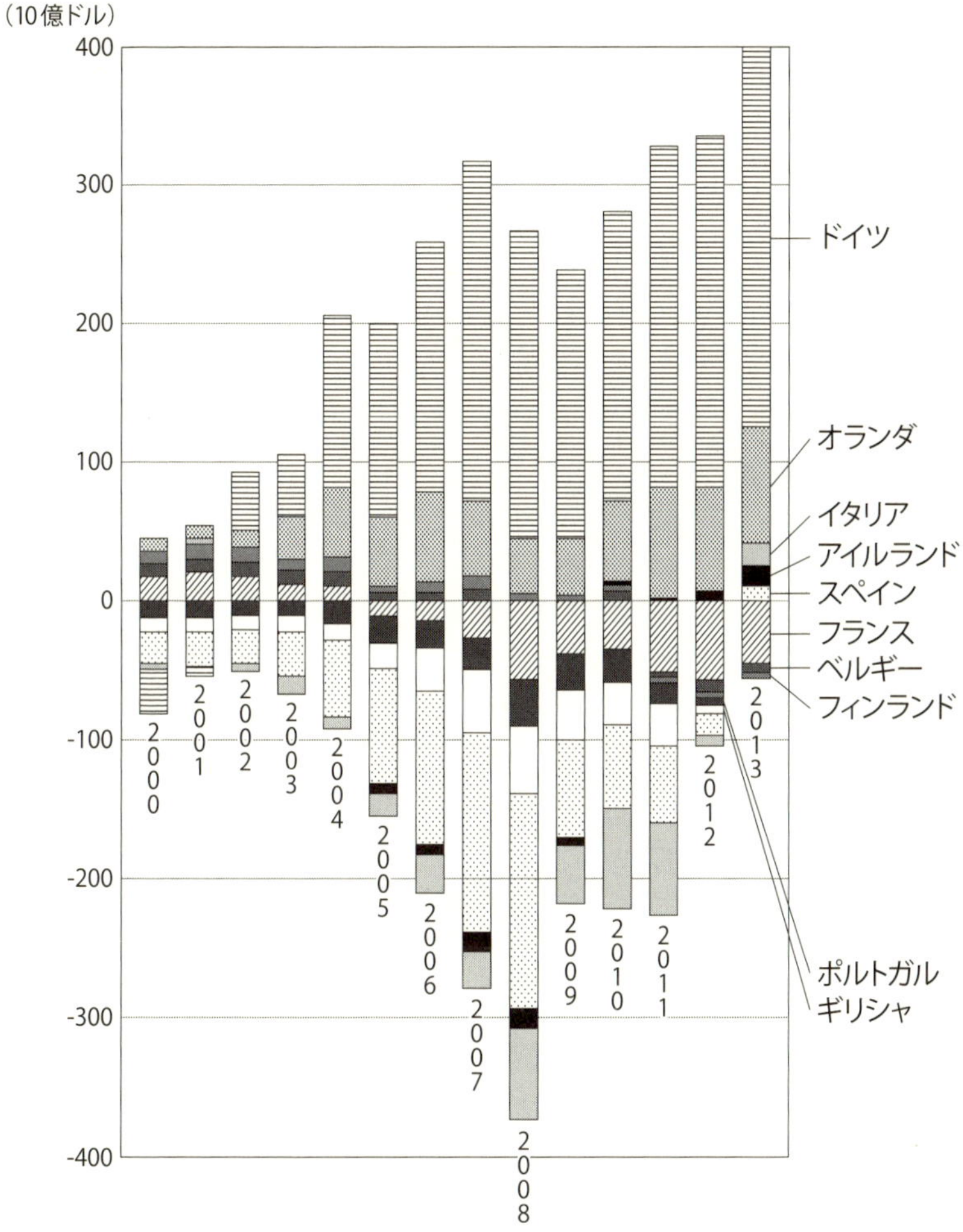

出典：IMF（国際通貨基金）『世界経済見通し』2014年4月

なったとき、反対側に必ず赤字国が存在する。ドイツは08年までは同じユーロ加盟国を相手に製品輸出を増やし、貿易収支の黒字で経常収支を牽引したのだ。

反対側で、ミニマム級の南欧諸国が「対独貿易赤字」という形で、ドイツに所得を貢ぎ続けた。正しくは、**「ドイツから製品を輸入し、代金を支払った」**わけだが、いずれにせよ対独貿易赤字が拡大した分、南欧諸国では雇用が生まれず、「所得が創出されなかった」という話になる。

経常収支の黒字・赤字はまた、対外純資産の増減をも意味している。経常収支黒字国は、黒字額分だけ対外純資産が増える（もしくは、対外純負債が減る）。逆に、経常収支が赤字に陥った国は、対外純資産が減少するか、あるいは対外純負債が増加する。

外国との所得のやり取りの「総得点」を示す経常収支の赤字が膨らむと、その国は対外純負債が積み上がっていく。また、経常収支赤字とは国内の過小貯蓄をも意味するため、政府は国債消化を外国（国際金融市場）に依存しなければならなくなる。

すなわち、経常収支赤字国の多くは、自国では発行できない「外貨」建てで、国際金融市場に国債を売却せざるを得ないのだ。南欧諸国の場合は「共通通貨ユーロ」になるが、いずれにせよ自国で自由に発行できないことに変わりはない。全てのユーロ導入国は、通貨発行権を含む金融政策の主権を、ＥＣＢ（欧州中央銀行）に委譲している。

というわけで、ユーロ導入時から08年まで、勝ち組ドイツが経常収支を黒字化し、対外純資産を貯めこんでいく反対側で、南欧諸国の対外純負債額は膨張を続けた。最終的に、国際金融市場が南欧諸国の政府に資金（ユーロ）を貸し付けることに難色を示すようになり、長期金利が上昇し、ユーロ危機が勃発したわけである。

言うなれば、現在に連なるユーロ危機は、まさに起きるべくして起きたのだ。関税撤廃、サービスの制度統一、労働者の移動の自由、資本移動の自由、そして共通通貨と、ユーロ圏には極めて「フェア」な統一ルールに支配される市場が用意された。公正なルールが支配するリングで、生産性が高い国と低い国が本気で殴り合い、高生産性の国が勝者となった。敗者は経常収支の赤字が膨らみ、政府の資金調達がおぼつかなくなり、ギリシャはいわゆる財政破綻（政府による負債の返済、利払いが不可能になること）に追い込まれた。ただ、それだけの話なのである。

ユーロ交付税？

筆者はユーロ危機勃発後に、実際にギリシャを訪れたのだが、路上は見事なまでにドイツ車一色で染められており、驚かされた。ギリシャは製造大国ドイツから自動車や家電製品を、農業大国フランスから農産物を輸入し続けた。為替レートが対独、対仏で一定であり、関税もない以上、高生産性諸国の産品がギリシャに雪崩《なだ》れ込むのを止める術はない（何しろ「自由貿易」だ！）。

ドイツやフランスは、ギリシャで稼いだ所得を同国の不動産市場に投じた。結果的に、ギリシャは貿易赤字が拡大すると同時に、不動産・建設需要を中心とする内需により経済を成長させることができたのである。不動産バブルが崩壊し、ユーロ危機が勃発するまでは。

07年にアイルランドの不動産価格が下落を始め、バブル崩壊が南欧諸国に伝播《でんぱ》していった。バブル崩壊の直撃を受けたギリシャは、国内景気が一気に冷え込み、政府の税収が激減。財政赤字が爆発的に膨張した。国際金融市場はギリシャ政府の返済能力を疑問視するようになり、長期金利が上昇。そして２０１２年、ギリシャ政府は国際金融市場から借り入れたお金の一部をヘアカット（債務元本の減免）する形で財政破綻した。すなわち、政府の債務不履行である。

ユーロを現在のような有様に陥らせないために、何か方法はなかったのだろうか。実は、あった。すなわち、勝ち組のドイツから、負け組のギリシャなどに「ユーロ交付金」を提供することである。

ユーロ交付金とは「ドイツがギリシャに金を貸す」という話ではない。ドイツ国民が稼いだ所得から徴収した税金の一部を、ギリシャに譲渡するのである。すなわち、ドイツからギリシャへの所得の移転だ（あるいは、ギリシャへの「所得の再分配」と書いたほうが分かりやすいだろうか）。

ギリシャはドイツから移転された所得を、自国の経済振興や負債返済に使う。ドイツからの所得移転が続く限り、ギリシャは最終的な破滅（財政破綻）を回避しつつ、ユーロが全域的に経済成長する構造を成り立たせることができただろう。

とはいえ、現実にはドイツからギリシャへの「ユーロ交付金」は、絶対に実現しない。なぜならば、ドイツ国民とギリシャ国民は**「違う国の国民」**であるためだ。未だ「ユーロ国民」というものが存在しない以上、ドイツ国民とギリシャ国民はナショナリズムを共有していない。ドイツ国民から徴収した税を、ユーロ交付金としてギリシャに移転させると、

「何で我々の税金を『あの怠け者のギリシャ人』のために使わなければならないんだ」
「ドイツが勝ち組になったのは、ドイツ国民の努力の成果だ。ギリシャが負け組なのは、ギリシャ国民が努力をしなかった結果であり、自己責任だ」

という声が、一斉にドイツ国内から上がってくることになる。ドイツが民主主義国である以上、国民が猛烈に反発するユーロ交付金は実現しえない。

なぜドイツ国民がユーロ交付金に反対するかといえば、単にギリシャ人が「自分たちとは異なる国民」であるためだ。グローバルだ、一つの欧州だなどと美辞麗句を唱えたところで、現在の各国の住民は「国民」という概念から自由になっていない。そして、各国の国民が「国民」にこだわるのは、実は安全保障という観点から考えると、極めて合理的なのである。

道州制と安全保障

勘のいい読者はもうお気付きかもしれないが、実は日本で提言されている道州制とは、まさに我が国を「共通通貨ユーロ圏的」にすることなのだ。何しろ、現在の日本は各県境で関税を徴収していない。千葉県の農産物を東京の市場に持ち込む際に、県境で関税を取られたりはしない。

また、サービスについても、全国的に制度がほぼ統一されている。富山県で販売されている生命保険は、お隣の石川県でも売れる。島根県の建設会社が、広島県の公共事業を受注することも、何しろ一般競争入札である以上、普通に可能だ。

そして、労働者や資本の移動の自由。日本国民がいかなる都道府県で働こうが、それは個々人の勝手だ。和歌山県の労働者は奈良県で働くことはできない、といった制限は一切ない。資本、お金の移動も、読者は日本国内において「当たり前の行為」として行っている。そもそも、日本人が国内を移動するとき、

「あ、今、自分が保有するヒト、モノ、カネが県境を越えた」

などと意識することはほとんどないだろうし、意識する必要もない。

加えて、当たり前の話として通貨は「日本円」で統一されている。通貨発行権は日本銀行（厳密には日本銀行の親会社である日本政府）にしかなく、各都道府県の知事が自らの権限で日本円を発行することは許されない。

いかがだろうか。現在の我々は、実に「共通通貨ユーロ圏的」な社会で暮らしているのである。日本の場合は、国家として初めから「ユーロ的」だったわけであり、ユーロ加盟国は、数多《あまた》の条約やルールにより「ユーロ的」な構造を人工的に作り出そうとしているという違いはあるが。

もっとも、日本国とユーロ圏との間には、一つ、決定的な差異が存在している。お分かりだろうが、日本国民は**「ナショナリズム」**を共有しているのに対し、ユーロ加盟国の国民はそうではない。日本国民は北海道から沖縄まで、日本列島に暮らす国民のことを同胞として意識している。逆に、ユーロ圏内で異なるユーロ加盟国の国民について、同胞意識を持っている人など皆無に近いだろう。

日本国民がナショナリズムを共有している以上、ドイツ―ギリシャ間では実現しなかった「ユーロ交付金」的な仕組みが実現できるわけであり、それは実際に実現している。ズバリ、**地方交付税**である。

先述の通り、統一ルールの下で「競争」が行われると、生産性の違いにより**「勝ち組」**と**「負け組」**に分かれていく。現在の日本において、世界最大のメガロポリスを擁する東京の生産性の高さは、まさに圧倒的だ。結果的に、東京において国民が稼ぐ所得が相対的に大きくなり、当然の話として東京都の税収も増える。そして、政府は東京から徴収した税金の一部を、地方交付税交付金として日本全国の自治体に移転する。

自治体側は、政府から移転された地方交付税交付金（元々は東京都民の所得だ）を、地域の経済発展やインフラ整備のために利用する。これが、地方交付税の仕組みだ。

さて、字義通りの道州制を導入すると、上記の「地方交付税」的な所得移転のシステムが消滅する。日本の都道府県を10程度の道州に再編し、各道州を独立採算とすることこそが道州制の肝なのだ。税収は、消費税（地方消費税）と地方法人税になるだろう。

各道州（例えば、北海道、東北州、東京州、北陸州、中部州、近畿州、中国州、四国州、九州・沖縄州とする）は地元から上がってくる消費税を、公共インフラの整備や公共サービスの提供のために使う。税収を増やすためには、各道州政府が**「努力」**し、例えば地方法人税を引き下げるなどして企業を誘致し、経済を活性化させる必要がある。企業が設備投資をしてくれれば、自州に雇用が生まれ、人口が増える。人口が増えれば、消費も拡大し、主財源である地方消費税収が豊かになっていく。

地方消費税収が十分ならば、道州政府はさらにインフラ整備に資金を投じ、公共サービスを充実させ、企業や労働者を誘致する。道州政府の「努力」が報われ、道州内の経済が活性化すれば、ますます公共インフラや公共サービスにお金を投じることが可能となる。

各道州政府が**「市場」**で競争し、勝ち組の道州は税収が増え、人口も増大していく。だがそうではない道州、つまりは負け組の道州は、税収が激減。公共インフラや公共サービスが劣悪化し、企業が去っていく。企業がいなくなれば、雇用の場が失われ、人口が減少する。人口が減少すれば、地方消費税を徴収できなくなり、さらなる衰退への悪循環が始まる。

それでも、仕方がないではないか。何しろ、勝ち組の道州は「努力」をしたから、勝ち組になったのだ。負け組の道州が努力を怠り、衰退していったのは、まさにその道州の自己責任だ。

――などと、市場原理を愛する人々は切り捨てるのだろうが、右記の「考え方」は少なくとも二つ、大きな問題を秘めている。

一つ目は、しつこく繰り返すが、同じルールの下で競争した場合、「元々」生産性が高い国や地域が必ず勝ち組になるという点だ。実際に日本で道州制を導入した場合、筆者は「東京州」が勝ち組になることに全財産を賭ける。

そもそも、東京とそれ以外の地域との生産性に歴然とした差がある以上、我が国で**「道州制により、地方自治体同士が公正な競争を」**などとやったところで、実のところちっとも公正ではないのだ。日本の自治体同士が「市場競争」した場合、生産性が高い東京が勝利することは、初めから決定事項なのである。実際に右記の「字義的」な道州制を導入した場合、我が国では間違いなく、いっそうの東京一極集中が進むことになる。

「それでもいいじゃないか。何しろ、『市場』が東京集中を選択したんだから」といった感想を持たれた方は、まさに第二の問題、すなわち**「安全保障」**について完全に等閑にしていると断言できる。

ただでさえ、東京一極集中が進んでいる我が国が、道州制でそれを後押しすると、国家全体の安全保障が危機に瀕することになるのだ。例えば、東京のメガロポリス化がさらに進み、東京圏の人口が5000万人に達した時点で、首都直下型の大地震が発生した場合、どうなるだろうか。

もちろん、東京以外の各地に暮らす日本国民は、懸命に東京の被災者を救おうとするだろう。とはいえ、経済力がなければどうにもならない。我が国が自然災害大国である以上、ある程度は**「全国的な経済成長」**を達成していなければまずいのだ。

ナショナリズムの醸成

さらに問題なのは、道州制により我が国の国民が持ち合わせる健全なナショナリズムが失われていく事態だ。道州制が導入され、各道州の「州民」が大枠の日本人としての国民意識を喪失していくと（喪失していくことになるだろう）、最終的には自らが暮らす道州以外の国民のことを「別の道州に暮らす人」と認識するようになっていく。

例えば、東京圏以外のある道州で大地震が発生したとしよう。さて、東京州で暮らす「州民」は、これまで同様に「よその道州」の大規模自然災害を、我がこととして受け止めることができるだろうか。

２００８年５月。中国四川省で大地震が発生し、７万人以上の方々が命を落とした。あの時、多くの日本国民は中国人民に「同情」はしただろうが、被災地の住民のために「自分ができることは、身をなげうってでも全てやろう」と考えただろうか。恐らく、そうではなかったはずだ。

そして、2011年3月11日。東日本大震災が発生した。東北地方で2万名もの死者、行方不明者を出した大災害を受け、多くの日本国民は、今度は「自分ができることは、身をなげうってでも全てやろう」と考え、実際にその通りのことをしたはずである。

東北被災者と、四川省被災者との違いは何だろうか。もちろん、日本国民であるか否かである。我々日本国民は、同胞である国民が悲惨な状況に陥ったときにはじめて、ナショナリズムを駆り立てられ、「自分もできることをしよう」と決心し、立ち上がる。外国で暮らす人たちの災難については、必ずしもそうは思わない。別に、それで構わないのである。何しろ、我々は日本国民であり、中国人民ではないのだから。

結局のところ、世界屈指の自然災害大国である日本において、国民が安全に暮らしていくためには、

「日本の各地が、互いに助け合うことが可能なだけの経済力をそれぞれ有する」

「日本国民が、互いに助け合うことを可能とする帰属意識を醸成する」

ことが必須なのである。

そして、道州制は右記2点を完璧に破壊する「アイデア」なのだ。

それにもかかわらず、安倍政権や自民党は現実に「道州制」の議論を開始した。一体、何を考えているのだろうか。

たとえそれが本章で述べてきたような「字義的」なものとは違っていたとしても、現在の日本で道州制を導入すると、国内の各自治体を勝ち組、負け組に二分化していくことはさけられない。結果的に、安全保障上の問題が生じるのに加え、都市部と地方の所得格差がこれまで以上に拡大してしまう。

現在の日本にとって必要なのは、「富裕層―貧困層間」「大企業―中小企業間」あるいは「東京―地方間」の所得格差を縮小させる政策だ。そうすることで、我が国は分厚い中間層を再構築することが可能となり、**内需主導による「所得倍増」**を達成することが夢でなくなる。

ところが、安倍政権の打ち出す政策には、右記三つの格差（国民間、企業間、地域間）を拡大する政策が、やたら目立つのである。法人税の無条件減税と消費増税、ＴＰＰ、国家戦略特区、派遣労働の拡大、配偶者控除の縮小・廃止、外国人労働者の受け入れ拡大、電力自由化、そして道州制。これらの政策は、全て、

「競争を激化させ、国民を勝ち組と負け組に分かつ」

性質を持つ。右記の各政策が現実のものとなった場合、我が国は、

「分厚い中間層の購買力が高まり、内需中心で国民の所得が倍増する日本」

ではなく、

「国民間、企業間、地域間の格差が開き、負け組の国民が増えた結果、社会の安定性が失われた日本」

という国へと落ちぶれていくことになるだろう。

もっとも、安倍政権は右記の「間違った政策」ばかりを推進しているわけではない。たった一つだけ、日本国民の所得を着実に増やすことが可能な「希望」とも呼びうる政策も検討を進めているのだ。

それこそが、**国土強靭化**なのである。

第6章

「国土強靭化計画」で「豊かな未来への意志」を持つ！

新幹線にこめられた意志

バブル崩壊と97年の橋本緊縮財政により我が国の国民経済がデフレ化する以前、日本経済の強さの根幹、いわゆる「コア・コンピタンス（中核的能力）」は何だったのか。あるいは、日本企業の強みは何だったのか。筆者はサラリーマン時代、アメリカ人の経営者などから、

「日本企業の経営者の視点は、極めて長期的だ。短期の利益ばかりを追求する（追求せざるを得ない）アメリカ企業では太刀打ちできない」

という感想（多少、おせじも入っているのだろうが）を何度か聞いた。

現在の我々の生活が極めて快適で、それなりに豊かに暮らしていけるのは、**「緑の革命」**に代表されるイノベーションのおかげだ。筆者は「イノベーション」といった定義曖昧な用語が本来は嫌いなのだが、ここでは**「社会を変えるインパクトを持つ技術投資」**という意味で使っている。

緑の革命とは、1940年代から60年代にかけ、品種改良や化学肥料の発達により、農業の生産性が劇的に向上した「革命」である。当時から、

「地球上の人口は増えすぎた。このままでは食糧生産が追い付かなくなり、世界中で餓死

者が発生する事態になる」

と、マルサスの「人口論」的な懸念を口にする人が少なくなかったのだが、現実には農業の生産性が急上昇したことで、予想は現実のものにはなっていない（無論、内戦等で経済システムが破壊され、少なくない餓死者を出した国は存在するが）。

そして日本における代表的なイノベーションといえば、交通インフラの整備である。現在の日本国民は日常的に新幹線や高速道路を利用し、繁栄を謳歌《おうか》している。この種の交通インフラについて「無駄だ」などと切り捨てる人は、是非とも一度ミャンマーなど、インフラ未整備の国に行ってみてほしい。交通インフラが充実した日本国において、自分がどれだけ恵まれた生活をしているかが分かる。

発展途上国だけではない。たとえば、スウェーデンは確かに先進国ではあるが、公共交通インフラは日本ほど充実していない（人口が少ないせいもあるのだろうが）。筆者は先日、ストックホルム中央駅からスカンジナビア半島南部のスコーネ地方最大の都市マルメ（目の前がデンマークのコペンハーゲンだ）に取材旅行を敢行したのだが、同国には残念ながら新幹線クラスの鉄道網はない。特急列車に乗り、揺られること5時間弱、ようやくマルメに到着したわけだが、「ストックホルム―マルメ間」は５００キロ程度である。ちょうど、東京―大阪間の距離感に似ているので、新幹線であれば、時間を半分にまで短縮することができるだろうなどと、不満を覚えてしまった。

日本人以外の人々には、

「贅沢《ぜいたく》言うな！」

と言われるであろうし、その通りではあるのだが、やはり「贅沢」な思いを抱いてしまうのだ。筆者は日本人である。

新幹線が開業したのは、ちょうど半世紀前の１９６４年。すなわち、前回の東京五輪の開催年だ。

当時、戦後の高度成長の真っただ中において、東海道線がパンク状態に陥り、いわゆるボトルネックとなっていた。東京と名古屋、大阪を結ぶ東海道の輸送難を解消し、経済成長の妨げとなっている「瓶の首（ボトルネック）」を太くする必要があったわけだ。

「高速鉄道反対論」の排除

実は、50年前は世界的に「鉄道斜陽論」が唱えられており、交通インフラの中心は自動車と航空機が担う「べき」という風潮があった（つまりは、今のアメリカの交通インフラの姿だが）。ＧＨＱの支配から脱していたとはいえ、日本においても、

「アメリカを見習い、高速道路と航空網への投資を優先するべき」

という声が小さくなかったのである。今も昔も、我が国の「知識人」は外国（戦後はアメリカ）を見習うのが大好きだ。もっとも、アメリカのみならず、当時は欧州においても鉄道の撤去と高速道路への切り替えが始まっていたため、自虐的思考の傾向が強い日本のインテリたちが「鉄道よりも高速道路」と考えたのは、自然な流れともいえる。

新幹線実現のために尽力した国鉄（当時）の島秀雄技師長は、

「すべての鉄道は斜陽化するという先入観を解き国民の理解を得る」

ことが最大の難題であったと述懐している。

新幹線を推進した国鉄関係者や政治家たちは、世論に訴え、マスコミに蔓延した「高速鉄道反対論」を排除し、運輸省（当時）に「幹線調査会」を設置。「夢の超特急」を実現するべく、国民のナショナリズムを喚起し、１９５８年12月19日に、東海道新幹線の早期着工、短期完成について閣議決定するに至った。

新幹線の物語を知ると、当時の推進派たちが、常に「将来の経済成長」を見据えていたことが分かる。無論、新幹線整備の目的は、ボトルネックと化していた東海道における鉄道輸送力の増強だ。とはいえ、ここでいう「ボトルネックの解消」とは、

「将来の経済成長の妨げとなる問題の解決」

なのである。「将来も日本は経済成長し、国民は豊かになれる」という確信がなければ

ば、国民がそれを望んだとはいえ、政府が予算措置を講じることは困難だっただろう。何しろ、日本政府は新幹線整備の総工費3800億円のうち、約300億円について世界銀行から融資を受けたのだ。

「外国から借金」をしてまで、新幹線整備を遂行した以上、関係者が「豊かな未来のため」という意志を共有していたことは確実だ。

そして、当時の日本人の「豊かな未来に向けた意志」の恩恵を、現在の我々が受けているわけである。特に、新幹線が「庶民の足」である鉄道の延長線上にあった影響は大きい。無論、グリーン車はあるものの、基本的に日本の庶民が東阪間を移動する場合、誰でも「平等に」乗車できる。一等車、二等車、三等車などと、車両に明確な「差」があるわけでもない(ちなみに、グリーン席と一般席の違いは、椅子の大きさと、目の前の棚に『WEDGE』が置いてあるかどうか、程度である)。

それなりにリーズナブルな料金で、誰もが世界屈指の速度で東阪間を移動できる。どんなお金持ちも、政治家も、庶民と同じ列車で移動する。それどころか、天皇陛下が新幹線でご移動される際すら、車両が借り切られ、一編成で動かすだけなのである。

国民誰もが同じ列車で、ほとんど「ランク」分けがない状況で利用する。新幹線開業当時、航空機はまだまだ高価で、一般庶民には手が届かなかった。それに対し、新幹線はそうではなかった。我が国が分厚い「中間層」を中心に、国民を階級分けすることなく経済成長を達成した一因には、間違いなく「新幹線」の存在があったと確信している。

国富について

さて、新幹線の建設について、改めて考えてみよう。新幹線整備費用3800億円全額を、政府が支出したとする。すなわち、土木・建設会社、車両会社、鉄鋼会社などが政府の仕事を「受注」したわけだ。

政府だろうが民間だろうが、誰かが投資（GDPになる投資）を実施した場合、その金額分、GDPが増える。用地費が発生しないと仮定すると、政府の新幹線整備への3800億円の投資は、GDPにおける公的固定資本形成という需要項目を金額分、まるまる拡大する。

実は、新幹線だろうが工場だろうが、日本国民の「労働」により建設、整備されたインフラストラクチャーこそが、日本の「国富」の一部になるのだ。逆に、国内の銀行預金や株式などの金融資産は、国富には含まれない。

本書において、筆者は繰り返し「経済成長の意味」について語ってきた。経済成長とは、GDPが拡大することである。GDPには「三面等価の原則」があり、生産面のGD

P、支出面のGDP、分配（所得）面のGDPの三つの面から見ることが可能で、三者は必ず同一金額となる（「三面等価の原則」は統計的に覆すことができない）。
国民が豊かになるとは、分配面のGDP、つまりは所得が増えていくことを意味する。そして、GDP三面等価の原則により、分配面のGDPと生産面のGDPは金額がイコールになる。

生産面のGDPとは、国民が働き、モノやサービスという**「付加価値」**を創出した金額である。国民の労働が生み出した付加価値に支出が行われ、初めて所得が生成される。

逆にいえば、国民が付加価値を創出するために働く「基盤」が整備されていないと、所得を生み出すことはできないということになる。分かりやすい例を出すと、資源も道路も建築物も、食料も水すらも存在しない砂漠に放り出され、

「さあ、この地域で働き、所得を稼いでください」

と言われた場合、読者は稼ぐことができるか？　という話だ。百パーセントの確率で、生き延びることさえ不可能であろう。

では、砂漠に道路、住居、工場、鉄道、電力網、水道網等のインフラストラクチャーが整備され、外部との物流や通信が容易な環境が実現した場合は、どうだろうか。インフラが整備されてさえいれば、人間は働き、所得を稼ぐことが可能となる。

そして、右記の「砂漠のインフラストラクチャー」も、人間の労働により建設、整備されるのである。国民がどんなに懸命に働いたとしても、道路をはじめとするインフラが存在しない地域において、付加価値を生み出すことはできない。すなわち、国民が所得を得ることができない。

日本国民の労働により誕生したインフラは、**「生産資産」**と呼ばれる国富、すなわち「日本国の富」となる。日本国民は国富（生産資産）である基盤の上で働き、所得を稼ぎ、投資（民間企業設備、民間住宅、公的固定資本形成）する。投資はそれ自体がＧＤＰ（付加価値＝所得）の一部であり、同時に、**「将来的に日本国民が働き、所得を稼ぐための基盤である生産資産」**を増加させることになる。

お分かりだろうか。

次ページ図６−１の通り、国民（政府含む）が設備投資、住宅投資、公共投資（公的固定資本形成）を実施すると、その金額自体がＧＤＰに計上されるのに加え、生産資産として国富を積み上げる。国民は建設された生産資産の上で働き、さらなるＧＤＰを生み出す。生み出されたＧＤＰのうち、右記三投資については、生産資産という国富の増強になる。

【図6-1　GDPと生産資産の関係】

生産資産上で国民が働くことで、次のGDPが生み出される。

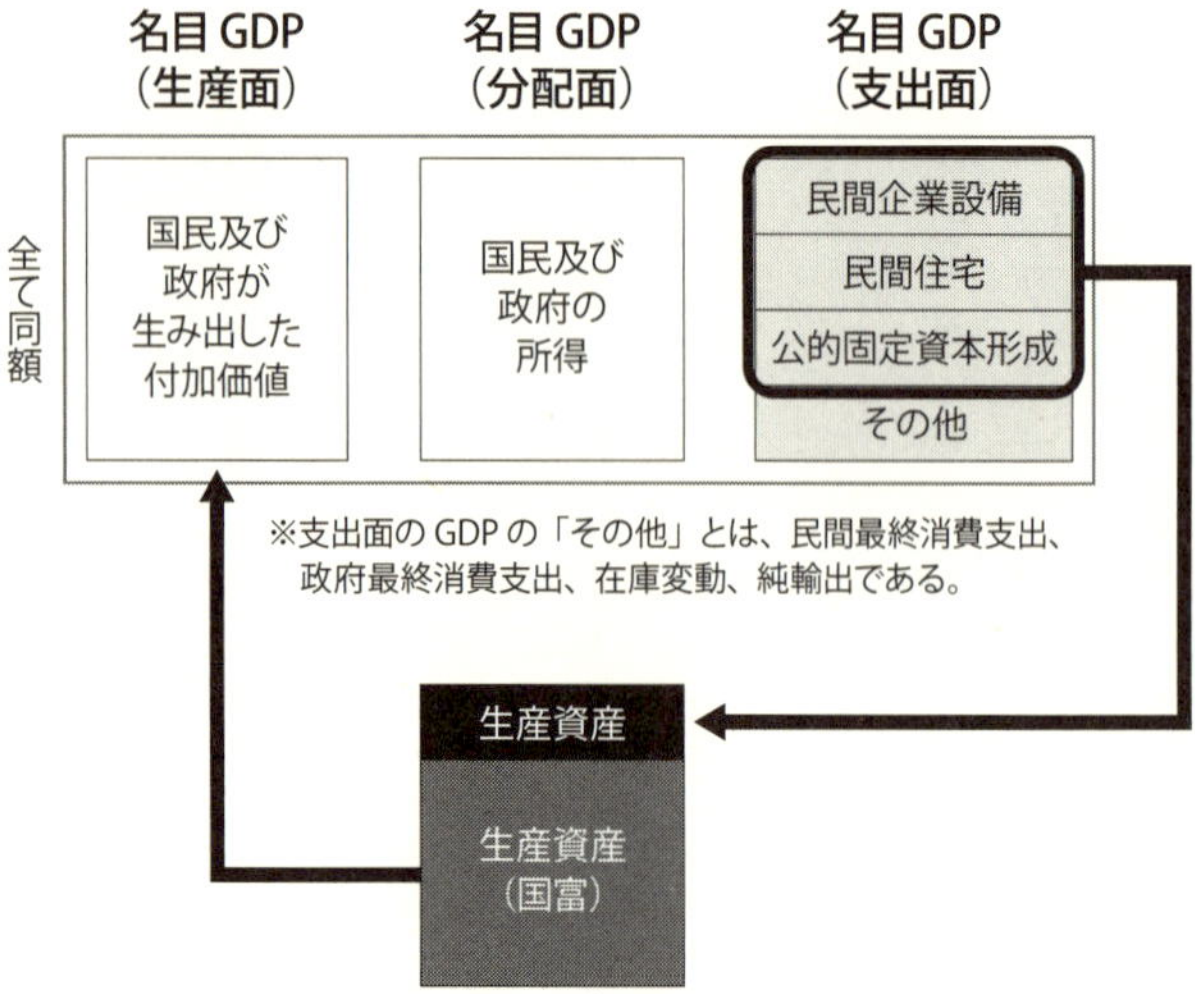

名目GDP（支出面）の民間投資（民間企業設備、民間住宅）及び政府の公的固定資本形成が新たな生産資産として積み上がる。

※筆者作成

新幹線でいえば、「新幹線整備」という投資は、ＧＤＰ上の公的固定資本形成の増加である。新幹線という生産資産が建設されたことで、国民はますます所得を稼ぐことが容易になる。所得を稼いだ国民は、消費もしくは投資として支出する。消費は生産資産の積み上げにはならないが、投資は金額分、日本の国富を増加させる。

そもそも、国家の富とは「お金」ではなく、国民が所得を稼ぐための「場」を意味しているのだ。先述の通り、現金や預金などの金融資産は「国家の富」には該当しない。

何しろ、お金という誰かの金融資産は、必ず別の誰かの金融負債になる。読者の現金という金融資産は、日本銀行の金融負債だ。現金は確かに読者個人にとっては「富」であるが、国家全体で集計すると、金融資産と金融負債が同額になり、相殺されてしまう。

銀行預金も同様である。銀行預金は確かに読者の金融資産、あるいは富なのだが、銀行にとっては金融負債になる。国家全体で統計を取ると、読者の預金という金融資産と、銀行の金融負債の額が同一になり、やはり相殺されてゼロになってしまうのだ。

ちなみに、日本国に配当金や金利といった「所得」をもたらす、我が国の対外純資産は、これは国富に該当する。日本国内でのお金の貸し借りは「国富」ではないが、外国との金融資産のやり取りは「国富」になりうるのである（当たり前だが、対外純「負債」国にとっては、外国との金融資産のやり取りは国富にはならない。というより「国富のマイナス」に該当する)。

我が国の国富の変遷

生産資産、対外純資産と、正しい意味における国富を二つご紹介した。実は、国富には三つめの種類がある。すなわち、土地、埋蔵資源、漁場といった有形非生産資産である。「生産資産ではないが、有形の国富」というわけだ。

国富の定義は、国民に「所得」あるいは「付加価値」をもたらすもの、となる。土地は「農産物」という付加価値を、漁場は「漁獲」という付加価値を、埋蔵資源はもちろん「資源」という付加価値を「働く国民」にもたらす。とはいえ、生産資産とは異なり、有形非生産資産は国民の労働により生まれたものではない(初めから国土が備えている)ため、統計上、分けられているのである。

まとめると、国富とは

(1)生産資産:生産活動の成果として生み出され、かつ生産のために使用される有形資産であり、在庫と有形固定資産、無形固定資産からなる。

(2)有形非生産資産:生産活動の直接の成果物ではない有形資産であり、土地、埋蔵資源、漁場などからなる。

なお、固定資本形成のうち、土地の造成・改良、鉱山及び漁場の開発など有形非生産資産と密接不可分なものは、有形非生産資産の改良として分類され、貸借対照表においては、それぞれ該当する有形非生産資産の価値の追加として含められる。

(3)対外純資産：対外資産から対外負債を差し引いた後の資産の総額。差し引いた結果マイナスとなった場合には「対外純債務（対外純負債）」の語が用いられる。

という三つの合計となる。

というわけで、我が国の「国富」の推移を長期で見てみよう。

次ページ図６－２の通り、我が国の国富は３０００兆円に達しているわけだが、１９９０年にかけて一度、極端なピークを付けていることが分かるだろう。もちろん、85年以降の土地バブルが原因だ。

土地バブルが発生すると、有形非生産資産という国富の「名目的な金額」が膨張する。だが、有形非生産資産が増えているからと言って、別に「実質的に土地が増えた」わけでも何でもない。戦争でもやらない限り、実質的に土地が増えるなどということはあり得ない。

バブル崩壊以降、我が国では有形非生産資産の「名目的な金額」が減少する反対側で、生産資産と対外純資産という二つの国富が増え続けた。生産資産は、日本国民が働き、投

【図6-2　日本の国富の推移】

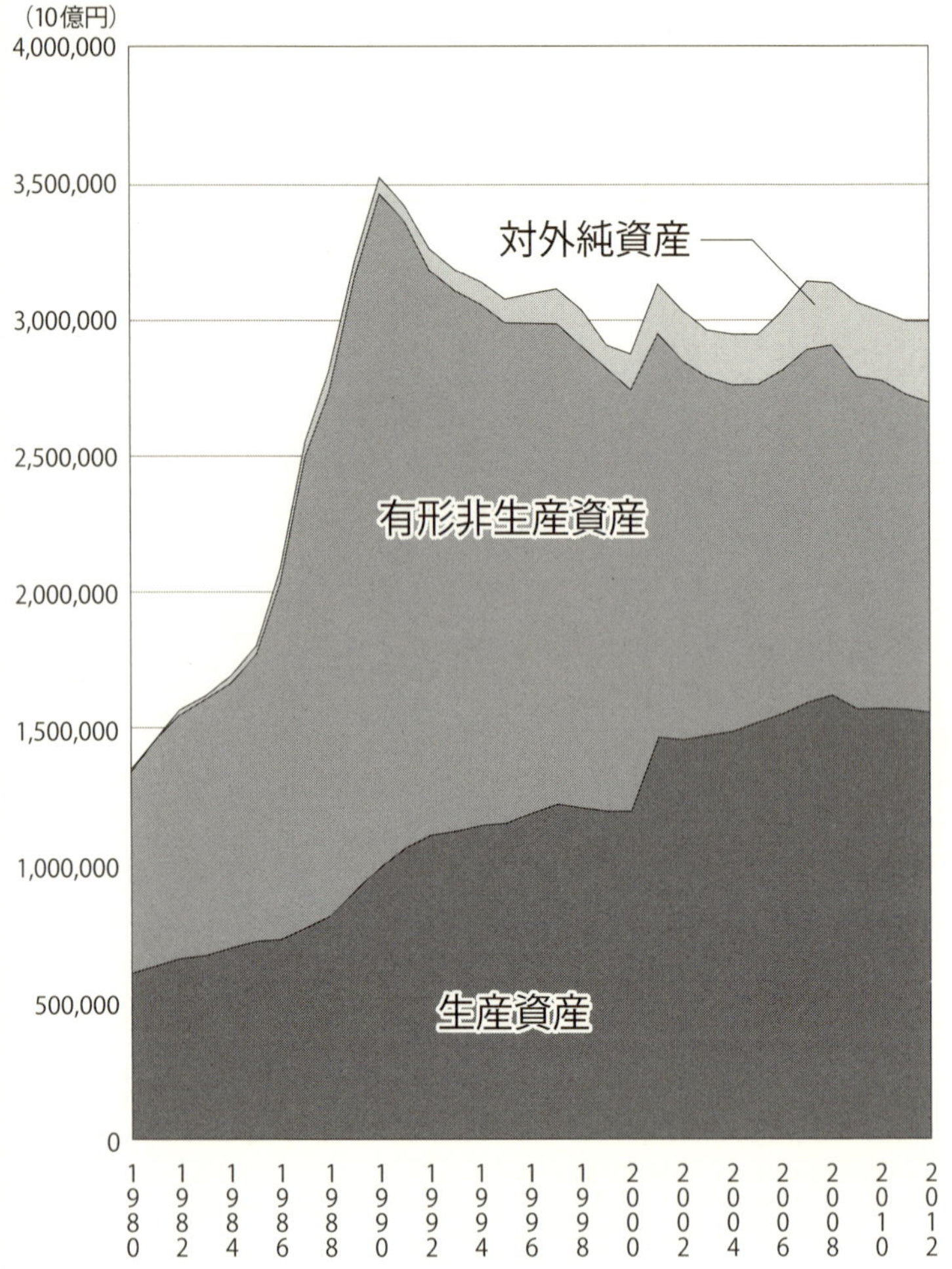

出典：内閣府「国民経済計算」
※2000 年までと 2001 年以降は統計手法変更により連続していない

資をしない限り絶対に積み上がることはない。また、対外純資産の増加は、経常収支の黒字継続の結果である（統計的に、経常収支の黒字は対外純資産の増加になる）。

バブル崩壊で、確かに土地という有形非生産資産の名目価値は激減したが、生産資産や対外純資産という「国の富」を増やし続けてきたのが、日本国民なのである。

お分かりだろうが、サウジアラビアのような産油国は、地下に膨大な原油・天然ガスが埋蔵されているため、国民が働かなくても国富は増える。厳密には、埋蔵が「確認」された時点で、国富（有形非生産資産）が積み上がるのである。

それに対し、生産資産は「国民が働く」ことなしでは、絶対に増えない。我が国の国富の中心が、有形非生産資産から生産資産に移っていることは、今後の日本の経済成長のヒントになる。結局のところ、「働く国民」と「将来のための投資」が重要という話だ。

国民が、

「将来を良くする」

という意志を持ち、政府を含めて果敢な投資を行う。投資とはカネの支払い手にとっては「発注」だが、「受注」した企業と従業員にとっては労働である。国内の投資により生まれたプロジェクトに対し、日本国民が労働を供給する。結果的に整備されたインフラなどの生産資産が、国民が「次の所得」を稼ぐことを容易にする。

経済は繋がっている。

まずは、国民が働き、生産されたモノやサービスに別の国民が支出（消費、投資）し、所得が生まれるという「所得創出プロセス」的な繋がりがある。いわば、国民同士の「横の繋がり」だ。

そして、もう一つ、時間的な繋がりもあるのだ。時間的な繋がりとは、国民同士の「縦の繋がり」になる。

我々の現在の生活は、過去の日本国民による投資や労働により支えられている。そして、現在の我々が「将来のための投資」と「労働」を供給することで、未来の日本国民に豊かな国家を残すことができるのである。

すなわち、現在の日本、経済成長率が低迷する日本の国民に最も欠けているのは、新幹線整備に象徴される「豊かな未来への意志」という話だ。

国民経済は繋がっている

本書において、筆者は「所得とは何か?」「付加価値とは何か?」「GDP（国内総生産）の意味」「なぜ、日本の名目GDPが成長しないのか?」「税収の源泉は所得」「デフレギャップ」「インフレギャップ」「正しいデフレ対策」「インフレ率の定義」「経世済民」

「実質賃金」「雇用の種類」「政府支出の中身」「経済成長の意味」「フィリップス曲線」「安全保障」「インフラストラクチャー」「技術の継承」「築土構木」「エネルギーミックス」「貿易収支」「経常収支」「輸出依存度」「輸入依存度」「法人税減税」「対外直接投資」「GNI（国民総所得）」「規制緩和」「道州制」「グローバリズム」「ナショナリズム」そして「国富」と、改めて書き連ねてみると実に多種多様な指標やキーワードについて語ってきた。

右に羅列した各キーワードはそれぞれ個別の概念に思えるかもしれないが、どれを取っても、全てにおいて関連性があるというのが現実なのだ。

「日本国民の所得を倍増させよう」

と、言うのは容易《たやす》い。とはいえ、実際に日本国民の所得を数年、十数年程度で倍増させようとした場合、右記「全て」の指標、キーワードの意味を理解しなければ、まともなソリューション（解決策）は見出せない。無論、右記以外にも正しく理解する必要がある指標、キーワードは数知れない。

さらに重要なのは、先に述べた指標やキーワードの関連性について把握することだ。例えば、「税収の源泉は所得」と「技術の継承」は、一見、全く関係がない話に思えるが、実際にはそんなことはない。

土木・建築の技術の継承をするためには、伊勢神宮の例を出した通り、現役世代の技術やノウハウが若い世代に伝えられなければならない。そのためには、若い世代が現場で働き、先輩から様々なスキルを伝授してもらう必要があるわけだ。

若い人が働くということは、そこに確実に「所得」が生まれるという話でもある。所得が発生すれば、政府は税金を徴収することが可能になる。

より具体的に書いてしまうと、政府はいわゆるNEETから税金を取ることはできない（消費税のみが例外）。だが、NEET（現在は60万人もいる）の若者が現場で働き、ベテランから様々な技術やノウハウを吸収し、自らの中に蓄積し、人材に育っていけば、彼らが稼ぐ所得が増加する。所得が増えれば、当然の話として「所得を源泉」とする政府の税収も拡大する。国民経済は繋がっている。

あるいは、「道州制」と「安全保障」。両者を切り離して考える人が多数派だと思うが、それは完全に間違いだ。道州制により地方間の競争が激化し、生産性が低い地域の経済力が低下した場合、日本国家全体の安全保障は低下する。

何しろ、道州制（字義的な意味の道州制）とは、各地方自治体が独立採算制を採るという発想だ。生産性が低い道州の税収は小さくなる（生産性とは「労働者一人当たりの付加価値」を意味する。すなわち「労働者一人当たりの所得」と言い換えても構わない）。税収が足りない道州は、インフラの老朽化などについて対処のしようがなくなり、地域は衰退し、人口流出を招く。人口が減れば、自治体はさらなる税収減に見舞われ、もはやインフラ整備や公共サービス（警察など）についても支払う金がない、などという話になってしまう。

道州制により、人口が高生産性の地域（例えば東京）に集中し、地方が過疎化した場合、いわゆる市場原理主義の構造改革主義者たちは、

「それは、負けた道州の自己責任。同じルールで戦った以上、仕方がない話」

などと言ってのけるのだろう。この種の傲慢な考えを持つ人が増えたとき、我が国では「首都東京」や「太平洋ベルト地帯」で大地震が発生するものなのだ。何しろ、戦後の日本で大震災が発生したのは、社会党の村山富市内閣、民主党の菅直人内閣の時期なのである。政権の危機対処能力が低い時期を狙ったかのように、日本では大規模自然災害が発生する。

別に、オカルト的な話をしたいわけではなく、我々日本国民は常に「大規模自然災害」という非常事態を想定しつつ、日本列島で生きていくしかないという話だ。道州制で地方の経済力が弱まった頃を「見計らった」かのごとく、首都直下型地震、南海トラフ巨大地震が発生した日には、冗談抜きで国家存亡の危機だ。そのとき、地方の道州の日本国民

は、懸命に東京や太平洋ベルト地帯を救おうとしてくれるだろう。とはいえ、経済力がなければどうにもならない。繰り返すが、国民経済は繫がっている。

ところで、「規制緩和」と「グローバリズム」を組み合わせたものが、ご存じTPP（環太平洋経済連携協定）である。TPPとは、要するに国境を越えた規制の大々的な緩和なのだ。

日本がTPPに加盟し、たとえば砂糖（厳密には「粗糖」）の関税が撤廃されたとしよう。そうなると、沖縄の島々でサトウキビを生産している農家が、次々に廃業していくことになる。離島で生業を立てられなくなった以上、住人は次々に沖縄本島や鹿児島に移住していき、やがては「無人」と化した島々が増える。

すると、3年もすれば、無人であったはずの日本の離島に、中国の漁民が住み着いている。といった事態を、

「あり得ない」

などと切り捨てず、想定することこそが安全保障の肝なのだ。

自由競争で敗れた人は、自己責任。僻地《へきち》から人口が流出しても、別に構わない。

などと主張する人は、国家の安全保障の「あ」の字すら理解していない。我が国の隣に仮想敵国「中華人民共和国」が存在している以上、あらゆる経済政策は「安全保障」を意

識して推進されなければならないのだが、果たしてどれだけの国民がこの手の「現実」を真剣に考えたことがあるだろうか。

また、筆者は昨今の「公務員を減らせ！」「公務員給与を削減しろ！」といった、ポピュリズム的な公務員批判には与《くみ》しない。次ページ図６－３でお分かりのように、そもそも、我が国はＯＥＣＤ（経済協力開発機構）諸国の中で、韓国と並び「労働人口に占める公務員の割合」が最も小さい国の一つなのだ。

筆者は公務員ではないため、正直、公務員が多かろうが、少なかろうが、給与が高かろうが、低かろうが、どうでもいい。とはいえ、現時点における公務員削減や公務員給与引き下げには、明確に反対する（公務員の給与を引き上げろ、という話ではない）。

理由は、解雇された公務員や、給与を引き下げられた公務員が、必ず「消費」を減らすためだ。給与所得が減った公務員、もしくは給与所得を得られなくなった失業者が、消費を増やすなどということは百パーセントあり得ない。

消費を減らすことを決断した公務員、もしくは失業者は、果たして「何」の消費を減らすだろうか。もしかしたら、筆者の「書籍購入」を取りやめるという選択をするかもしれない。公務員給与を減らした結果、筆者の書籍が売れなくなると、「筆者の所得が減る」という話になってしまう。

【図6-3　2011年　労働者に占める一般政府雇用者の割合】

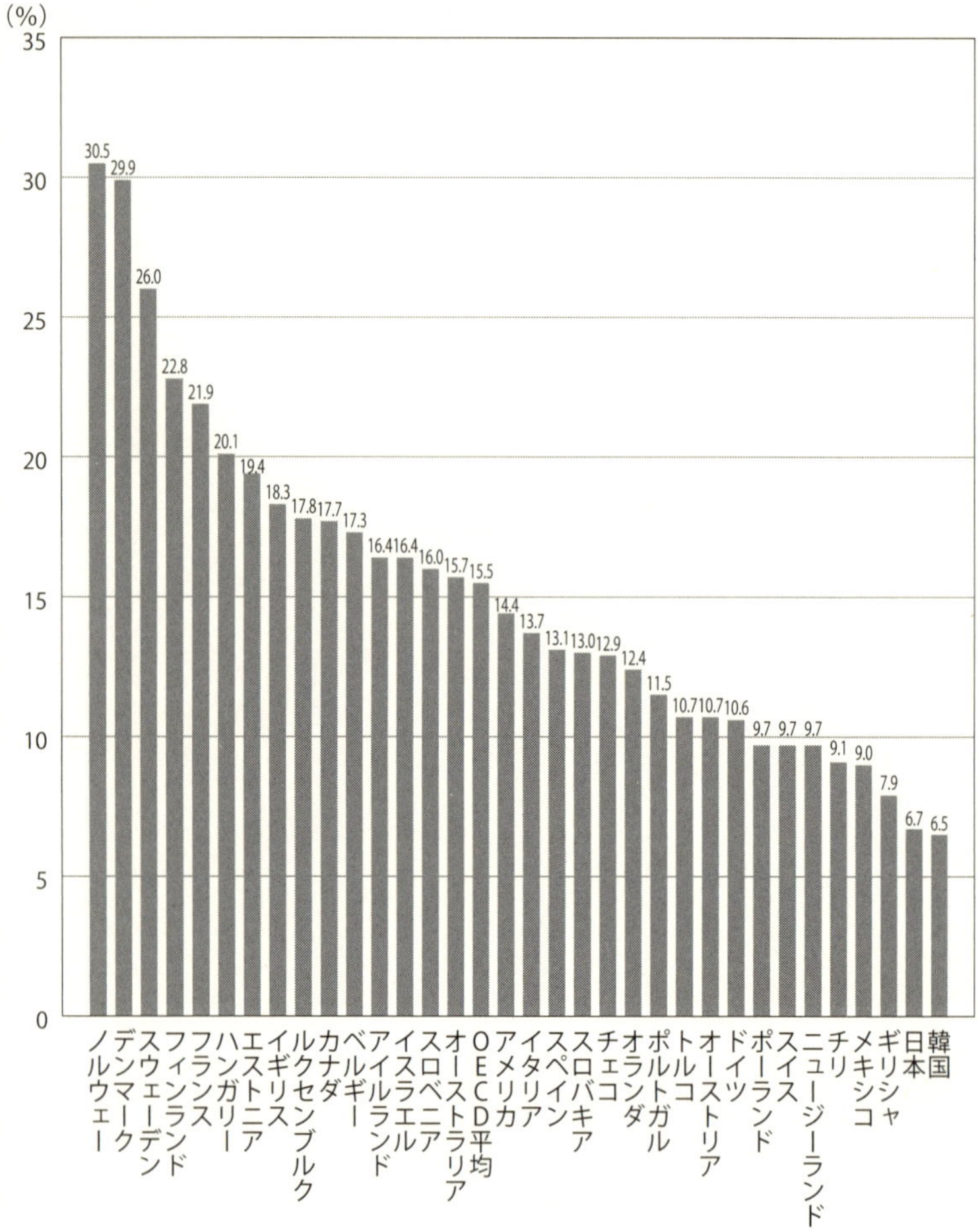

出典：OECD「Government at a Glance 2013」

所得が減った筆者は、やはり何らかの消費を減らすという選択をするだろう。その時に「買われなくなる」製品もしくはサービスは、もしかしたら読者が勤めている企業の生産物かもしれないのだ。しつこいが、国民経済は繋がっている。

経済政策は2種類しかない

実は、経済政策には2種類しかない。

「そんなはずがない！」

と、思われた読者が多数派だと思うが、本当にそうなのだ。すなわち、インフレ対策とデフレ対策である。インフレ対策は物価を抑制する政策。デフレ対策は、もちろん物価を押し上げる政策になる。あらゆる経済政策は（実は、経済政策以外もそうなのだが）、インフレ率を押し上げる政策と、押し下げる政策のいずれかなのだ。

改めて、第1章で用いた図1－1（P47）を見てほしい。

経済環境とは、実のところ潜在GDP（本来の供給能力）が不足しているインフレギャップ状態か、総需要（名目GDP）不足に陥っているデフレギャップ状態かの二つしかないのである。そして、あらゆる経済政策は「インフレギャップを埋める」か、もしくは「デフレギャップを埋める」ために実施される。

インフレギャップを埋める手法は、大きく二つに分類される。

◆インフレギャップを埋める方法

(1)総需要を減らす:増税、金融引き締め、公共事業削減、公務員削減、社会保障支出(年金など)削減など

(2)供給能力を高める:国営企業・公営企業の民営化、規制緩和、グローバリゼーションなど

総需要とは、名目GDPそのものになる。名目GDPを支出面から見ると、消費(民間最終消費支出、政府最終消費支出)と投資(民間住宅、民間企業設備、公的固定資本形成)と純輸出に分類できる。

潜在GDPに対し総需要が過剰になっているならば、増税や金融引き締め(政策金利引き上げなど)で民間の支出を抑制し、政府自らも支出を削減すればいいのだ。

また、供給能力が不足している以上、それこそ「構造改革」の出番になる。国営企業や公営企業を民営化し、市場競争を導入する。各産業の参入障壁を引き下げる規制緩和を実施し、新規参入により競争を活性化させ、各企業の生産性向上のための努力を引き出す。

労働規制の緩和（いわゆる雇用の流動性強化）により、労働市場に新たな労働者（主婦、外国人など）を次々に投入し、労働者間の競争を促す。国内だけで競争をさせても埒《らち》が明かないならば、国境を越えたモノ（サービス含む）、ヒト、カネの動きを自由化させるわけだ。

日本企業が中国企業と、日本人労働者が中国人労働者と激烈な競争を繰り広げなければならないとなれば、我が国の本来の供給能力（潜在ＧＤＰ）は高まり、インフレギャップは縮小、解消されるだろう、という話なのである。

◆デフレギャップを埋める方法

(1)総需要を増やす：減税、金融緩和、公共事業拡大、公務員増員、診療報酬引き上げ、介護報酬引き上げ、防衛費増強、エネルギー安全保障の強化など

インフレギャップを埋める手法が二つあるのに対し、デフレギャップの方は「一つ」しかない。すなわち、総需要を拡大する。これだけである。

「え？ デフレギャップは『本来の供給能力（潜在ＧＤＰ）』を引き下げても、縮小するのでは？」

と、思った読者がいるかもしれない。

だが、落ち着いて考えてみてほしい。国民経済が持つ本来の供給能力、すなわち潜在GDPを「引き下げる」とは、要するに企業のリストラクチャリングを推進することだ。工場を閉鎖し、設備を廃棄。労働者は解雇し、残った資本（工場など）は外国に移転させてしまう。結果、国内から次第に供給能力が失われていく。

企業のリストラで職を失った人は、当然ながら消費を減らす。すると、総需要（名目GDP）の民間最終消費支出が減ってしまう。あるいは、企業が工場を閉鎖すると、設備投資がその分増えない。結果、総需要の民間企業設備が減少する。失業者が増え、工場閉鎖が相次ぐと、家計は住宅投資に二の足を踏むようになるだろう。すると、総需要の民間住宅が小さくなってしまう。

お分かりだろう。デフレギャップを「本来の供給能力を引き下げる」形で埋めようとすると、さらなる総需要の縮小を招き、デフレギャップは「縮まらない」のだ。デフレギャップを解消し、国民経済をデフレという泥沼から引き上げるためには、結局のところ「総需要拡大政策」以外には方法が存在しないという話なのである。

消費税増税が「総需要縮小策」であることは、誰にでも理解できると思うが、それでは

「無条件の法人税減税」、すなわち法人税の実効税率の引き下げはどうだろうか。

もちろん、法人税減税で純利益が増えた企業が、「国内」における設備投資を増やしてくれるならば、総需要は増加する。だが、企業が減税分を外国投資（対外直接投資）に回してしまった場合は、国内の需要は一円も増えない。

国際間の資本移動が自由化されている現在、単純な法人税実効税率の引き下げは、デフレ対策にはならない。特に、法人税減税の代替財源として、「設備投資減税」「研究開発減税」「中小企業への優遇税制」等を廃止してしまった日には、本末転倒もいいところだ。何しろ、そもそも法人税減税は「国内の設備投資拡大」「国内の研究開発拡大」「国内の中小企業振興」のために実施するのである。

お分かりだろう。無条件の法人税実効税率引き下げをはじめ、現在の安倍晋三政権が推進している政策の多くはデフレ対策ではなく、インフレ対策なのだ。増税、公務員給与引き下げ、年金引き下げ、診療報酬や介護報酬の抑制、公営企業の規制緩和（電力産業における発送電分離など）、混合診療解禁、労働の規制緩和（派遣労働拡大、労働時間規制の緩和、配偶者控除廃止、外国人労働者受け入れ拡大など）、国家戦略特区、そしてＴＰＰと、

「総需要（名目ＧＤＰ）を縮小する政策」

または、

「供給能力（潜在ＧＤＰ）を拡大する政策」

が、ずらりと並んでいる。安倍政権が現在の路線を進む限り、我が国の国民は「所得倍増」どころか、さらなる実質賃金の引き下げ、すなわち貧困化に苦しめられることになるだろう。何しろ、日本経済が未だにデフレから完全に脱却したわけではないにもかかわらず、デフレギャップを拡大する政策ばかりに邁進しているのだ。

もっとも、安倍政権はデフレ対策として正しい政策「も」実施している。すなわち、日本銀行の国債買取（金融政策）、そして国土の強靭化である。デフレギャップを埋めるには、中央銀行が国債を買い取り、日本円の通貨を発行し、そのお金を政府が国内で雇用（＝所得）が生まれるように使うしかない。

日本銀行は２０１３年３月20日の黒田東彦総裁就任後、今年４月までに、およそ72兆円の日本円を新規に発行した。これ自体は正しい政策であり、規模的にも十分だが、問題は「その先」だ。中央銀行がどれだけお金を発行しても、それが国内で雇用を創出するように使われなければ、国民の所得は一円も増えない。序章から何度も繰り返しているが、所得とは誰かが働き、生産した付加価値（モノ、サービス）を、別の誰かが消費、投資として購入して初めて生成されるのだ。

日本政府が国土強靭化計画を立て、長期に予算をつけ、「日本国民の生命と安全を守る」ための投資を拡大すれば、

「通貨を発行し、借り入れ、所得を創出するように使う」

という、デフレ対策の基本が成立し、日本国は一気にデフレという宿痾《しゅくあ》に別れを告げることができるだろう。

「亡国の道」を歩むな

国土強靭化とは、何も「耐震化」や「防災」のみを意味しているのではない。例えば、日本海側の新幹線整備や高速道路建設を急ぎ、「第二国土軸」を形成することで、非常事態に備えるという発想も含まれている。日本海側に新たな国土軸が構築されれば、首都直下型地震や南海トラフ巨大地震に対する「日本国家」の対応能力は、格段に上昇する。すなわち、大規模自然災害という非常事態に対する安全保障が強化されるのである。

現在の日本は、様々な安全保障の危機に直面している。無論、中国の軍事的脅威や、エネルギーミックスの崩壊も「安全保障上の危機」である。だが、より深刻な事態は、我が国の国土が脆弱化し、人口が偏り、地方経済が疲弊し、一部の産業（土木、建設、運送など）の供給能力が毀損《きそん》してしまったことだ。

現在、我が国はすでに「土建小国」と化しており、国内の「国民を自然災害から守る」という需要を、自国の企業、人材では賄えなくなりつつある。さらに恐ろしいことに、国内の土木、建設分野の人手不足を受けて、

「労働者が不足しているならば、外国人に任せればいいではないか」

と、安全保障を根底から無視した発言をする人が少なくない。世界屈指の自然災害大国日本において、土木や建設といった安全保障関連分野を「外国」の手に委ねるなど、間違いなく亡国の道である。

現在の国内の人手不足は、国民の実質賃金を引き上げる絶好のチャンスだ。すでに「ブラック企業ではないか？」と疑いをもたれていた、いくつかの飲食チェーンが、人手不足により一部の店舗を閉鎖せざるを得ない状況になっている。素晴らしい話だ。そこまで人手不足が進んでいるならば、やがて各企業の経営者は実質賃金の引き上げに踏み切らざるを得ず、いわゆるブラック企業は淘汰《とうた》されていくだろう。

戦後の日本では、「モノよりもヒトにカネがかかる」時代が続いた。結果的に、我が国は「国民の所得が上昇する」形で成長し、中間層中心の繁栄を遂げたのだが、バブル崩壊以降は話が真逆になってしまった。デフレ期の国は、ヒトが軽視され、カネ（利益）ばかりが追求されるようになり、社会が荒廃していく。

我が国は、このまま国民が貧困化する経済を継続し、さらなる荒廃と衰退の道を突き進むのか。それとも、政府が正しいデフレ対策を実施し、国民の所得が拡大する形の経済成長路線、すなわち「所得倍増」の道を進むのか。

全ては今後の日本国民、一人ひとりの選択にかかっている。国民の所得を倍増「してくれる」のは、政府でも外国でもない。日本国民だけが、それを実現できるのだ。そして、自分たち一人ひとりに全てがかかっていることを自覚して初めて、新たな所得倍増計画は現実味を帯びるだろう。

そのために、読者自身は何をするべきなのだろうか。本書を読み、少しでも「本気」で考えて頂ければ、筆者としてこれに勝る喜びはない。

おわりに

2014年6月3日。安倍晋三内閣総理大臣も出席した国土強靭化推進本部の会合において、大規模災害に強い国づくりを進めるための国土強靭化基本計画と、国土強靭化アクションプラン2014がまとめられた。

国土強靭化基本計画とは、国土強靭化基本法第10条に基づき、国土強靭化関連の計画の指針となる「大本の計画」である。国土強靭化の理念等は、以下の通りとなっている。

〔理念〕

○国土強靭化の基本目標

①人命の保護

②国家・社会の重要な機能が致命的な障害を受けず維持される

③国民の財産及び公共施設に係る被害の最小化

④迅速な復旧復興

○災害時でも機能不全に陥らない経済社会システムを平時から確保し、国の経済成長の一

翼を担う

〔基本的な方針等〕

○依然として進展する東京一極集中からの脱却、「自律・分散・協調」型の国土の形成

○施策の重点化、ハード対策とソフト対策の適切な組み合わせ

○既存社会資本の有効活用等による費用の縮減

○ＰＰＰ／ＰＦＩによる民間資金の積極的な活用

○ＰＤＣＡサイクルの繰り返しによるマネジメント　等

〔特に配慮すべき事項〕

○オリンピック・パラリンピックに向けた対策　等

国土強靭化アクションプラン２０１４では、住宅の耐震化率について平成20年の約79％から、平成32年には95％に引き上げる。建築物の耐震化率は平成20年の約80％から、平成27年までに90％に、やはり引き上げる。南海トラフ巨大地震により大規模な津波が発生することが想定されている地域の海岸堤防等の整備率を、平成24年の約31％から、平成28年までに約66％に引き上げる。ハザードマップを作成・公表し、防災訓練等を実施した市町村の割合を、平成24年の14％から、平成28年までに１００％にするなど、具体的な達成目標が書かれている。

国民の生命や財産を守るために、政府が「計画的」に予算を執行していけば、もちろんそこに「労働」が生まれ、我が国のGDP、つまりは国民の所得が増える。また、長期的に政府が国土強靭化に支出をしていくことが確定すれば、土木・建設企業が安心して人材投資、設備投資にお金を投じ、現在の人手不足問題も解決に向かうだろう。

すなわち、国土強靭化のために政府が支出することは、少なくとも、

「国民の生命や財産が守られる」

「国民の所得(GDP)が増える」

「人手不足問題を日本国民の手で解消できる」

と、一石三鳥になるのだ。

現在の日本政府は、国土強靭化を目的としたハード面(堤防建設など)、ソフト面(防災教育など)の支出を増やすことに躊躇するべき局面ではない。国民の安全保障を強化し、所得を生みだし、さらに人手不足問題も解決するのだ。まさに、何を躊躇《ためら》うべきか、という話なのである。

逆に、政府が国土強靭化関連の支出拡大を躊躇うと、国民の安全が守られず、所得も創出されず、人手不足もなかなか解消しない。政策とは、ここまで「決定的な差」を生み出すものなのだ。

14年4月に消費税が増税され、物価上昇分を差し引いた我が国の実質賃金は、対前年比でマイナス3・3％（確報値）という、凄まじい下落になった。日本国民の貧困化は、未だに継続している。だからこそ、政府は「今」正しい目的で支出を拡大し、国民の所得増に貢献しなければならない。まさに、それこそが経世済民である。

今後の日本は、少子高齢化や生産年齢人口の減少により、人手不足が次第に土木・建設分野以外にも広がっていくだろう。これからの日本では、デフレギャップではなく「インフレギャップの拡大」が問題になっていく。とはいえ、「はじめに」にも書いた通り、高度成長期もまた、インフレギャップ状態だったのだ。供給能力不足を「日本国民」の手で埋めるべく、企業が設備投資や人材投資を爆発的に拡大させたからこそ、我が国の高度成長は実現した。

現在の少子高齢化や生産年齢人口の減少は、我が国のインフレギャップを拡大する。まさに、日本に高度成長期を再来させる絶好の機会なのだ。2020年代初頭までに日本国民の所得（名目GDP）を倍増させることは、決して不可能ではない。正しい政策を打ち、企業がそれに呼応し「アニマル・スピリット」を発揮しさえすれば。

そして、政府に正しい政策を打たせるためには、国民が「経済」について正しい知見を持たなければならない。本書を最後までお読み頂いた読者に、筆者から一つだけお願いをさせてほしい。地元の政治家に対し、以下の要求を突き付けてほしいのだ。

「我々、日本国民の所得を増やす政策を打て！」

そして、政治家が「所得」の意味を正しく理解していなかったならば、是非とも本書を活用し、彼らの頭の中に「所得の重要性」を叩きこんで頂きたいのである。

結局のところ、政治家とは国民の水準を映す鏡だ。国民が所得に関する正しい知見を身に着け、政治家をレベルアップさせるのだ。結果的に正しい政策が打たれれば、２０２０年代初頭までに、我々日本国民の所得を現在の2倍に拡大することができる。

夢物語でも何でもなく、全ては今後の我々の行動いかんで実現する「未来」であることを強調し、本書の幕を下ろすとしよう。

平成26年6月

三橋　貴明

本書は講談社「現代ビジネス」に掲載された
「第二次所得倍増計画」第1回から
第14回までの原稿に、大幅に加筆・訂正をし、編集いたしました。

ブックデザイン　鈴木成一デザイン室

三橋貴明（みつはし・たかあき）

経世論研究所所長・中小企業診断士。一九六九年、熊本県に生まれる。東京都立大学（現：首都大学東京）経済学部卒業。外資系IT企業などを経て、中小企業診断士として独立。

二〇〇七年『本当はヤバイ！韓国経済』（彩図社）を発表、ベストセラーになる。『いよいよ、韓国経済が崩壊するこれだけの理由（わけ）』（WAC BOOK）、『顔のない独裁者』（共著、PHP研究所）、『僕たちの国家』（TAC出版）、『愚韓新論』（飛鳥新社）、『三橋貴明の日本を豊かにする経済学』（WAC）、『「妄想大国」韓国を嗤（わら）う』（共著、PHP研究所）など著書多数。公式ブログ「新世紀のビッグブラザーへ」でも圧倒的支持を得ている。

あなたの所得《しょとく》を倍増《ばいぞう》させる経済学《けいざいがく》

二〇一四年七月一〇日　第一刷発行

著者　三橋貴明《みつはしたかあき》
発行者　鈴木 哲
発行所　株式会社講談社
東京都文京区音羽二-一二-二一　郵便番号一一二-八〇〇一
電話〇三-五三九五-三五二二（出版部）
〇三-五三九五-三六二二（販売部）
〇三-五三九五-三六一五（業務部）

本文データ製作　朝日メディアインターナショナル株式会社
印刷所　株式会社精興社
製本所　株式会社国宝社

ISBN 978-4-06-218872-2 N.D.C.330 246p 20cm